刑法の時間

GUIDANCE ON
THE CRIMINAL LAW OF JAPAN

佐久間修
橋本正博 編

岡部雅人　嘉門　優
南　由介　森永真綱 著

はしがき

　スラスラ読めるから，わかる，楽しい！！　さあ，これから「刑法の時間」を始めましょう。

　この本では，かた苦しい専門用語をなるべく使わず，必要最小限の用語には説明を付けてあります。また，いろいろなスタイルで「刑法とは何か」を説明しています。法律の勉強をゼロからはじめる方でも，サクサクと読める本です。その意味で，（裁判員になるかもしれない）すべての皆さんに読んで頂けたら，と願っています。

　さあ，どのページでもいいから，まず開いてみましょう。一つ一つのシーンは，ある大学の授業であったり，研究室での雑談，仲間うちのおしゃべり，どこかの議会でのやり取り，誰かのインタビューなど，楽しく刑法を学ぶための工夫がいっぱいです。

　この本を書き始めた時には，まだ新型コロナウィルスの感染が拡大する前だったので，全員が何度も（京都や名古屋でリアルに）集まってアイデアを出しあいました。どのようなCaseにするかはもちろん，登場人物のキャラについても，各執筆者の「こだわり」があります。

　このような企画段階からお付き合い頂いた，共編者の橋本先生や，執筆者の森永先生，岡部先生，嘉門先生，南先生には，心よりお礼を申し上げます。また，企画・立案から会合の準備まで全般を手配して頂いた，有斐閣京都支店の一村大輔さんと，校正段階からいろいろとお世話になった，有斐閣書籍編集部の藤原達彦さんにも，心よりお礼を申し上げます。

2021年2月　　　　　　　　　　　　　　巣ごもり生活の続く名古屋にて

　　　　　　　　　　　　　　　　　　　　　　　　　佐久間修

目次

行為

第2編　各論

執筆者紹介

● **佐久間修*** さくま おさむ

名古屋学院大学教授

担当: コラム②, 各論第 1・11・13・15 話, コラム⑤

....

● **橋本正博*** はしもと まさひろ

専修大学教授

担当: 総論第 12・13 話, コラム③, 各論第 14 話, コラム④

....

● **岡部雅人** おかべ まさと

国士舘大学教授

担当: 総論第 1・5・7 話, 各論 2・3・12 話

....

● **嘉門　優** かもん ゆう

立命館大学教授

担当: 刑法の時間へようこそ, 総論第 2・11 話, 各論第 4 〜 7 話

....

● **南　由介** みなみ ゆうすけ

日本大学教授

担当: 総論第 6・9・10 話, 各論第 8・9 話

....

● **森永真綱** もりなが まさつな

甲南大学准教授

担当: 総論第 3・4・8 話, コラム①, 各論第 10 話

刑法の時間へ
ようこそ

「刑法の時間」を手に取っていただきありがとうございます。刑法ってむずかしい単語ばかりで苦手っていう人が多いらしいんです。そんなみなさんのために，先生たちが「とにかく読みやすく，わかりやすい教科書」を目指してこの本を作りました。みなさん，ぜひ「刑法の時間」を最後まで楽しんでくださいね。

有斐閣
公式キャラクター
ろけっとぽっぽー

とりあえず気になる話から

● この本はどの話から読んでもOK

　　この本は，はじめから読むことを想定して書かれていますが，途中から読んでも OK です。まずは，この本の目次 (ii 頁) をみて，面白そうだなと思った話からスタートしてみてください。それぞれの話では，先生と学生がゼミで会話していたり，なにか事件が起こったりしています。ちょっとのぞいてみて，面白そうだったら読み進めてみてください。

● 1話ずつの分量は少なめ

　　この本では，1話ずつの分量は少なめなので，短時間で読み終えることができます。通学中やバイト前後のちょっと空いた時間に，毎日1話ずつなら気軽に勉強できそうですよね。小さめの本なので，カバンに入れて毎日少しずつ読んでみてください。最後まで読み終えると刑法の基礎が理解できるようになっています。

● じっくり読むときは「ポケット六法」をおともに

　　この本には，必要な条文はなるべく書いておくようにしました。でも，しっかりと内容を理解するためには，六法で条文をみながら読んでほしいと思っています。家や図書館でじっくり読むときには，ぜひ「ポケット六法」で条文を実際に引きながら読むようにしてください。

この本をより理解するために

この本がどのような順序で書かれているのかを理解しておくと，よりこの本の内容がわかりやすくなりますよ。以下は，ポケット六法の「刑法」の目次の頁です。「刑法」という法律は2つの部分から成り立っています。

「第一編　総則」→刑法総論へ

「第二編　罪」→刑法各論へ

この本の「刑法総論（1～120頁）」に書かれているのは？

　刑法という法律の第一編の「総則」には，すべての犯罪に共通する内容が書かれています（この部分を扱うのが「刑法総論」という分野です）。たとえば，正当防衛，未遂，共犯といった犯罪の成立・不成立にかかわる条文が，この本の「刑法総論」のところで説明されています。**第2話「刑法の見取り図」という話（13頁）**をはじめに読むと，刑法総論全体を見通すことができます。

この本の「刑法各論（121～245頁）」に書かれているのは？

　刑法という法律の第二編の「罪」には，たとえば，殺人罪や窃盗罪のように，犯罪がどういう場合に成立して，どのぐらいの刑罰が科されるのかということが，具体的に条文に書かれています（これを扱う分野を「刑法各論」とよんでいます）。このうちとくに重要な犯罪について，この本の「刑法各論」というところで解説しています。**「コラム⑤　犯罪の分類と整理——各論のまとめ」というコラム（244頁）**を読むと刑法各論全体がわかるようになっています。

読むときのコツ

● **「リファレンス（参照）」を活用しよう**

この本を読んでいる途中で，たとえば，「（☞総論第5話）」と書かれていることがあります。これは関連することが総論の第5話にも書かれているよ，という意味です。それぞれの話の内容を比べて読んでみると，さらに理解が深まります。ぜひ，両方の話を読み比べてみてください。

● **「もう一歩前へ」進もう**

それぞれの話の最後に，「もう一歩前へ」と書かれているところがあります。ここには，さらに勉強したいと思う人のために，本文には書ききれなかった内容や，応用の論点が書かれています。ここを読んで興味の出た人は，刑法に関するもう少し厚い，本格的な本を読んで，「もう一歩前へ」進んでみてください。

● **「コラム」にもチャレンジ**

「コラム」というお話もいくつかあります。ここでは，今はわからなくても後で勉強してくれればいいなということや，ほかにもこんな問題もあるよ，といったことを紹介しています。ここの内容についても，よりくわしく知りたいと思った方は，将来，より本格的な刑法の本にチャレンジしてみてください。

第 1 編

総論

第 **1** 話

罪刑法定主義 ざいけいほうていしゅぎ "法律なければ犯罪なし，法律なければ刑罰なし"

1. プロローグ

オ：こんにちは。ようこそオカベゼミへ！ ゼミ生が 2 人だけなのはちょっとさみしいけど，楽しくやっていこう。まずは自己紹介からお願いしようかな。

シ：シシドです。ゼミの 1 次登録をし忘れちゃって，2 次登録でまだあきがあったので，とりあえずこのゼミに登録してみました。刑法のことはよくわかんないんですけど，よろしくお願いします！

ワ：ワシオです。刑法に興味があったので，ゼミで深く勉強してみたいと思って，このゼミに登録しました。よろしくお願いします。

オ：シシドくんとワシオさんだね。2 人とも，どうぞよろしく。せっかく刑法ゼミを選んでもらったことだし，まずは刑法にたいする印象なんかを聞かせてもらおうかな？ シシドくん，どう？

シ：普段，ニュースとかみてて思うんですけど，世の中，悪いヤツがいっぱいいるじゃないですか？ それって，今ある刑法がまともに機能してないせいだと思うんですよね。

オ：なるほど。じゃあ，シシドくんは，どんな刑法だったらいいと思う？

シ：なんか，だれがみたってヤバイような行為でも，それを処罰するための法律がないせいで，イイ感じに処罰できないことがある，って聞いた気がするんですけど，だったら，法律があるかないかに関係なく，悪いことはみんな，とりあえずかたっぱしから処罰できるようにしちゃったらよくないですか？

ワ：えっ，ちょっと待って。「悪いこと」っていっても，具体的にどんなことが刑罰を科す必要があるくらい悪いことなのかわからない

し，それに，「とりあえずかたっぱしから処罰」っていっても，どんなふうに処罰されるかもわからないのって，なんか怖くない？

シ：まあ，そうかもしれないけど，こうしておいたら，いわゆる"法の抜け穴"もなくなるし，いいと思わない？　これこそ"最強の刑法"だよ。もしボクが総理大臣だったらそうするね。

オ：なるほどね。いろいろツッコミどころもありそうだから，今回は，シシドくんのいう"最強の刑法"を素材として，**刑法の基本原則**について考えてみようか。

2．犯罪と刑罰は法律で定められてる方がいいワケ

オ：ところで，さっき，シシドくんは，「もしボクが総理大臣だったら」っていってたけど，刑法を作るのって，総理大臣だったっけ？

シ：えっ，総理大臣って，立法府の長で，森羅万象 *1 すべてを担当してるんだから，刑法だって作るんじゃないんですか？

ワ：いやいや，総理大臣は行政府の長だし，憲法41条が「国会は，国権の最高機関であつて，国の唯一の立法機関である」って規定してるんだから，法律である刑法を作るのは国会でしょ？

シ：オー，アイム・ソーリー……。イッツ・ノット・総理……。

オ：ワシオさんのご指摘どおりだね。そして，刑法を作れるのは国会だけ，ってことには，実は，重要な意味があるんだよ。

シ：えっ，そのことにどんな意味があるんですか？

オ：それは，どのような行為が犯罪とされ，それにたいしてどのような刑罰が科されるのか，という，国民の利害に大きなかかわりをもつことについては，国の側から一方的に押しつけられるのではなく，

---

*1　用語：森羅万象とは地球に存在するすべてのもの（万物）や事象のことを指します。

国民自身が，その代表者である国会議員をつうじて，国会で決めなければならない，ってことなんだ。日本は**民主主義**の国だからね。

ワ：自分たちのことを厳しくしばるルールについては，間接的とはいえ，自分たち自身で決めるべきだ，ってことですね。そう考えると，きちんと選挙に行って，自分たちの意見を代表してくれる人を選ぶことって，とても大切なことなんだ，って思えますね。

オ：もうひとつ，どのような行為が犯罪とされ，それにたいしてどのような刑罰が科されるのかが，あらかじめ法律で決められてることのメリットがあるんだけど，それは何だと思う？

ワ：あらかじめ法律で「これをしてはダメ」ってことが決まってるってことは，逆にいえば，「それ以外のことなら何をしても OK」ってことですよね。そのことが保証されてる世の中の方が安心です。もしそうじゃなかったら，何をするにも，「これはしても大丈夫かな……？」って，いつも不安になっちゃいますし。

オ：そのとおり。ワシオさんがいってくれたように，どのような行為が犯罪とされ，それにたいしてどのような刑罰が科されるのかを，あらかじめ法律で決めておくことは，人間の自由な思想や活動をできるかぎり保障することにつながるんだ。このことは，**自由主義**の考え方から来てるんだよ（☞総論コラム②「刑法の目的と機能」）。

これらのことから，どのような行為が犯"**罪**"となって，これにたいしてどのような"**刑**"罰が科されるかは，あらかじめ国会が制定する"**法**"律によって"**定**"められていなければならない，という，**罪刑法定主義**という考え方が，刑法の基本原則となってるんだ。

3．罪刑法定主義の具体的な内容

法律主義

ワ：なるほどですね。ところで，この，国会の作る法律以外では犯罪と
　　刑罰は定められない，という原則があることで，具体的にどうなる
　　んですか？

オ：その「法律でしか定められない」ということを，**法律主義**っていう
　　んだけど，このことから，まず，ある地域だけで通用してる慣習を
　　根拠にして，法律には規定のない行為を犯罪として処罰することは
　　できないことになるんだ。法律主義によって，**慣習刑法の排除**が
　　なされてるんだよ。

シ：たとえば，とある山奥の小さな村をおとずれた人が，その村にだけ
　　古くからある「掟」を破ったために，その「掟」に従って処刑され
　　る，みたいなことは，法律主義からは許されない，ってことです
　　ね。

オ：ちょっとマンガの読みすぎっぽい感じのたとえ話だけど，そういう
　　ことだね。それと，法律で犯罪とされてる行為でも，それにたいし
　　て，法律の規定にはない刑罰を科すこともできないんだ。

ワ：たとえば，窃盗罪にたいする刑罰は，235条で，「10年以下の懲役
　　又は50万円以下の罰金」なのに，これにたいして，死刑とか無期
　　懲役刑を科したりすることは，法律主義からは許されない，って
　　ことですね。

オ：そういうこと。逆に，殺人罪にたいする刑罰は，199条で，「死刑
　　又は無期若しくは5年以上の懲役」なのに，これにたいして，罰
　　金刑を科すのもダメ，ってことだね。

シ：なるほど。でも，犯罪と刑罰は，国会が制定する法律だけでしか，
　　絶対に定められないんですか？

オ：いや，これには例外もあるんだ。たとえば，憲法94条は，「地方

公共団体は，……法律の範囲内で条例を制定することができる」としていて，地方自治法 14 条 3 項は，「普通地方公共団体は，法令に特別の定めがあるものを除くほか，その条例中に，条例に違反した者に対し，2 年以下の懲役若しくは禁錮，100 万円以下の罰金，拘留，科料若しくは没収の刑又は 5 万円以下の過料を科する旨の規定を設けることができる」としてるから，都道府県や市町村などが作る条例でも，地方自治法の認める範囲内であれば，罰則を設けることができるんだよ。

ワ：つまり，国会をとおして作られた法律が認めてさえいれば，法律以外でも罰則を設けることができる，ってことですね。迷惑防止条例なんかにも罰則がある（☞**各論第 4 話**），ってことは知ってましたけど，こんな制約があるのは知りませんでした。

オ：それから，法律主義との関係では，**白地刑罰法規**というのも，よく問題になるね。

シ："しらじけいばつほうき"って何ですか？

オ：たとえば，94 条の中立命令違反罪なんかがそうで，そこでは，「外国が交戦している際に，局外中立に関する命令に違反した者は，3 年以下の禁錮又は 50 万円以下の罰金に処する」とされてるよね。ここに出てくる「命令」というのは，行政機関の決定によるものだから，その犯罪の成立要件の一部が法律的には「白地」，つまり空白の状態で，その具体的な中身を充足することが「命令」に委ねられてるんだけど，このような形の規定も，法律主義には反しないと一般的に理解されてるんだよ。

遡及処罰の禁止

ワ：ところで，どのような行為が犯罪とされて，それにたいしてどのような刑罰が科されるかは，あらかじめ法律で定められていなければならない，ってことは，さっきシシドくんがいってた"法の抜け

穴"みたいな行為に，刑法は対応しようがない，ってことですか？

シ：それなら簡単だよ。そういう行為を処罰するための規定をあとから作って，それを使って処罰したらいいんだよ。

オ：いや，残念ながらそれはできないんだ。憲法39条が，「何人も，実行の時に適法であつた行為……については，刑事上の責任を問はれない」としてるからね。つまり，もともと犯罪ではなかった行為について，あとから新しく刑罰法規を作って，これをさかのぼってその行為に適用してはいけないことになってるんだ。これを遡及処罰の禁止といって，これも罪刑法定主義の内容のひとつなんだよ。もともと犯罪ではあったけれども，刑の軽かったものを，あとからもっと刑の重いものに改正して，それを適用することもまた禁じられてるよ。

シ：つまり，あと出しジャンケンはダメ，ってことですね。

オ：そういうこと。"法の抜け穴"の問題をなんとかすることも大事だけど，それ以上に，人間の自由な思想や活動をできるかぎり保障してあげることの方が，自由主義の観点からは，より重要だといえるからね。

ワ：刑罰法規は，例外なく，さかのぼって適用できないんですか？

オ：実は，これにも例外があるんだ。6条が，「犯罪後の法律によって刑の変更があったときは，その軽いものによる」としていて，あとからできた新しい刑罰法規を適用した方が刑が軽くなる場合には，その新しい刑罰法規がさかのぼって適用されるんだよ。

ワ：なるほど，刑罰を科されることになる人にとって不利になる「さかのぼり」はダメだけど，有利になる「さかのぼり」はOK，ってことなんですね。

類推解釈の禁止

シ：でも，やっぱり，"法の抜け穴"は見過ごせなくないですか？あと

から作るのがダメなら，すでにある，その行為と似たような行為を処罰する刑罰法規を使って処罰する，っていうのはどうですかね？

オ：そのような，ある行為に直接適用できるルールがない場合に，似たような別の行為に適用される別のルールを借りてきて，それを問題となる行為に適用するやり方を**類推解釈**といって，これは民法なんかでは普通に使われてる法解釈の手法なんだけど，残念ながら，**類推解釈の禁止**も罪刑法定主義の内容のひとつなんだ。

シ：えっ，民法ではいいものが，刑法ではダメなんですか!?　今度こそ，名案キター！　と思ったのに……。

オ：たとえば，ある人が家族同然にかわいがってるワンちゃんがいて，そのワンちゃんが殺されてしまったとしよう。そのときに，このワンちゃんは家族同然，つまり，「人」と変わらないから，といって，殺人罪の規定の類推解釈が行われたとしたらどうだろう？

ワ：被害者的には，そうしたい気持ちもわからなくはないですけど，さすがにちょっと行きすぎかな，って気がします。犯人も，まさかそれが殺人罪になるとは夢にも思わないでしょうし……。

オ：そうだよね。これは，殺人罪の規定を解釈するテイで，実際には，「他人の飼犬を殺した者は，死刑又は無期若しくは5年以上の懲役に処する」という「新たな立法」をしてるのに等しいもんね。罪刑法定主義というのは，その行為を処罰する刑罰法規があらかじめ存在しないかぎり，その行為を処罰することはできない，とする原則だから，このように，直接適用できる刑罰法規がないことを前提とする類推解釈は認められないんだ。

ワ：たしかに，このようなやり方を認めちゃったら，不意打ちの処罰を許すことになって，自由を保障するという罪刑法定主義の機能が台無しになっちゃいますもんね。

オ：ちなみに，条文に使われてる言葉の意味を，日常的な意味よりも少し広げて解釈する，**拡張解釈**という法解釈の手法もあるんだけ

ど，こっちは，直接適用できる刑罰法規があることを前提とするものだから，罪刑法定主義に反しないとされてるんだ。たとえば，261条の器物損壊罪にいう「損壊」というのは，要は，その物を使えなくさせることだから，そのような行為全般，すなわち，「その物の効用を喪失させること」と解されて，物理的にその物を壊すことだけでなく，その物を隠すことや，汚すなどして心理的に使えなくさせることなんかも含まれるとされてるんだよ。

シ：う〜ん，理屈ではなんとなく理解できるんですけど，刑法上は許されない類推解釈と，刑法上も認められる拡張解釈とを，実際に自分で区別しようとすると，すっごくむずかしそうですね……。

オ：そうだね。こればっかりは，いろいろなケースにふれることで，その感覚を徐々にみがいていってもらうほかないかな……。

絶対的不定期刑の禁止

オ：それと，もうひとつ。刑罰法規で，刑の種類も刑の分量もまったく定めないこと，それから，刑の種類だけ定めて刑の分量をまったく定めないことは，どっちも許されないんだ。この**絶対的不定期刑の禁止**も，罪刑法定主義の内容のひとつなんだよ。

ワ：たとえば，235条の窃盗罪にたいする刑罰をみてみると，「10年以下の懲役又は50万円以下の罰金」となっていて，「確定」はしてませんけど，このことは問題ないんですか？

オ：ワシオさんのご指摘どおり，刑法は，それぞれの犯罪について予定された刑罰を，上限と下限を決めた「枠」の形でしめしていて，これを，**相対的不定期刑**というんだけど，罪刑法定主義によって禁じられてるのは，そのような「枠」さえもしめさない"絶対的"不定期刑で，少なくとも「枠」がしめされてる"相対的"不定期刑は，罪刑法定主義に反するものではないんだ。

4. 罪刑法定主義に反する刑罰法規のあつかい

シ：ちなみに，罪刑法定主義に反する刑罰法規があったとしたら，その
あつかいってどうなるんですか？

オ：憲法 31 条は，「何人も，法律の定める手続によらなければ，その
生命若しくは自由を奪はれ，又はその他の刑罰を科せられない」と
規定していて，これが，日本でも罪刑法定主義が採用されてること
の根拠となってるんだ。ここには「法律の定める手続によらなけれ
ば」とあるけど，ここでいう「法律の定める手続」には，「刑事訴
訟法」のような，犯罪を捜査し，裁判を行い，刑を執行すること
について規定する，**刑事手続法**に書かれてることだけじゃなく，
「刑法」のような，犯罪の成立要件や，これにたいする刑罰につい
て規定する，**刑事実体法**に書かれてることも含まれるとされてるん
だ。だから，罪刑法定主義に反する刑罰法規は，憲法 31 条に違反
するものとして，**無効**，すなわち，その刑罰法規は最初からないの
と同じ，というあつかいになるのが一般的だね。

5. 罪刑法定主義の新しい内容

ワ：これまでのお話だと，罪刑法定主義の原則って，国民の代表者の集
まりである国会の作った法律で，国の機関である裁判所の判断を制
約することによって，国民の自由を守ろうとしてる，って感じです
よね。でも，国会の立法って，そこまで信頼できるんですか？　逆
に，国会の立法にたいする監視って，どうなってるんですか？

オ：その役割は，裁判所がになってるんだ。憲法 81 条は，「最高裁判
所は，一切の法律，命令，規則又は処分が憲法に適合するかしない
かを決定する権限を有する終審裁判所である」として，裁判所に法
令を審査する権限をあたえていて，憲法に適合しないと判断された

法律は，憲法 31 条を根拠として無効とされたり，法律の条文の意味を憲法に適合するように限定して解釈する「合憲限定解釈」というのをおこなうことで，その範囲にかぎってその法律が適用されたりしてるんだよ。

刑罰法規の明確性の原則

シ：具体的に，裁判所は，どういったことを審査するんですか？

オ：まず，刑罰法規っていうのは，ただあればいいってもんじゃないんだ。「どのような行為を，どのように処罰するのか」がハッキリ定められてなかったら，結局，さっきのシシドくんの"最強の刑法"と一緒だからね。刑罰法規の内容は，具体的かつ明確に規定されてなければならないんだ。これを，**刑罰法規の明確性の原則**といって，通常の判断能力のある一般人が，具体的な場合に，その行為がその刑罰法規の適用を受けるものかどうか判断できるようなものでなければならないとされてるんだよ。

刑罰法規の内容の適正の原則

ワ：そのほかにも何か問題となることってありますか？

オ：もうひとつ，刑罰法規は，処罰する合理的な根拠のある行為のみを処罰の対象とし，かつ，犯罪の重さとバランスのとれた刑を規定しなければならないとされていて，これを，**刑罰法規の内容の適正の原則**っていうんだ。**実体的デュー・プロセス**なんていうふうにもよばれてるね。たとえば，不合理に一定の人たちだけを対象とする明らかに人権侵害にあたるような刑罰法規とか，その行為によって侵害される利益にくらべてあまりにも重すぎる刑が科されている刑罰法規なんかは，適正な刑罰法規とは認められないだろうね。

6. エピローグ

オ：おっと，もう終わりの時間だね。今日はここまでにしようか。

ワ：これまでずっと，刑法っていうのは，いかにして悪い人を処罰するかだけを考えるものだと思ってたんですけど，いかにして人を不合理に処罰しないようにするかをも考えるものなんだってことがわかって，面白かったです！

シ：刑法の勉強，ボクも楽しみになってきました！　またよろしくお願いします！

第②話

刑法の見取り図　犯罪を検討するための3ステップ

1. 刑法は最終手段

刑罰とは？

　刑法には，殺人罪や窃盗罪といった犯罪が定められています。さらに，犯罪が成立する場合にどのような刑罰が科されるかということも規定されています。それでは，刑罰にはどのような種類があるのでしょうか。9条の条文をみてみましょう。

> 第9条（刑の種類）
> 死刑，懲役，禁錮，罰金，拘留及び科料を主刑とし，没収を付加刑とする。

　死刑は人の生命を奪う刑罰であるのに対し，懲役・禁錮・拘留は刑務所に入れることで，その人の自由を制限します。これらの刑罰は科される人にとってとても重く，厳しいものであるということは，みなさんもすぐに理解できると思います。

　それにたいして，罰金・科料はお金をとられる刑なので，それならたいしたことはないと思われるかもしれません。しかし，罰金であったとしても，刑罰である以上，「犯罪者」というレッテルを貼られることになります。ある日，警察から「あなたは犯罪者だ」といわれたらどうなるか，想像してみてください。学生生活や就職活動などに大きな影響が生じて，毎日の生活や将来設計が大きく変わってしまうかもしれません。そこで，刑罰はなるべくなら使うべきではなく，使うときにはより慎重に判断すべきだといわれます。つまり，刑法は最終手段だとされているのです（☞総論コラム②「刑法の目的と機能」）。

刑法には特別なルールが！

みなさんのなかには，悪いことをした以上は処罰されるのがあたり前だと思う人もいるかもしれません。しかし，そこでいう「悪いこと」の意味こそが問題です。一見すると，「悪いこと」をしたようであっても，自分の身を守るためだったり，何かの事情で追いつめられるなどして，やむをえずにしたのかもしれません。そういった人を処罰して，人生を奪ったり，大きく変えてしまうのはやりすぎではないでしょうか。そこで，犯罪が成立するかどうかを検討する際には，より慎重に，誤りなく，公平に判断するために，特別なルールが存在します。

犯罪を判断するルール──3ステップ

この特別なルールとは，犯罪が成立するためには「3つのステップ」をクリアしないといけないというものです。3つのステップとは，①構成要件該当性，②違法性，③責任です。ここでは，この3ステップを簡単に紹介します。それぞれのステップについてよりくわしくは，この本の刑法総論（21頁以下）の話を読んでください。

2. 犯罪検討のステップ1──構成要件該当性

ステップ1とは？

Case
1

XはAの左胸にナイフを刺して，Aを死亡させた。

みなさんは，すぐにXには殺人罪が成立すると思いついたのではないでしょうか。殺人罪は，刑法の199条に規定されています。

第199条（殺人）
人を殺した者は，死刑又は無期若しくは5年以上の懲役に処する。

199条には「人を殺した者」と書かれています。この条文からわかるのは，殺人罪が成立するために必要な要素です。第1に，被害者は「人」でなければなりません。さらに，「殺した」という言葉から，第2に，「殺す」という行為，第3に，「人の死」という結果が必要です。第4に，犯人は「者」，つまり，人でなければなりません（☞総論第3話）。

また，条文にははっきりとは書かれていない要素もあることに注意してください。殺人罪の場合には，殺すという行為と人の死という結果との間に**因果関係**が認められなければなりません（☞総論第4話）。これらの各要素を**構成要件要素**とよんでいます。

故意と過失

実は，Xに殺人罪が成立するためには，まだ検討しなければならない重要な要素があります。それが**故意**という心の中の問題です。

第38条（故意）
①罪を犯す意思がない行為は，罰しない。ただし，法律に特別の規定がある場合は，この限りでない。

たとえば，**Case1**のXが日ごろから被害者Aを恨んでいて，「殺してやる」という思いで，「わざと」ナイフをAに突き刺して殺害したとしましょう。Xには，38条1項の「罪を犯す意思」，すなわち，「故意（わざと）」が認められ，殺人罪が成立することになります（☞総論第6話）。

それにたいして，XはわざとAを殺したのではなく，「誤って」Aを死なせてしまった場合はどうでしょうか。この場合，Xがわざと罪を犯したのではない以上，故意の殺人罪ではなく，以下の過失の罪（過失致死罪）が成立します（☞総論第7話）。

> 第210条（過失致死）
> 過失により人を死亡させた者は，50万円以下の罰金に処する。

ステップ1をクリア——構成要件該当性

　以上のように，条文からあきらかになった要素をすべて備えた場合を，「構成要件に該当する」と表現します。先ほど（☞15頁）述べたように，殺人罪が成立するためには，客体*¹としての人，殺すという行為，人の死という結果，因果関係，故意といった構成要件要素が必要です。これらの要素がすべて認められれば，ステップ1をクリアしたことになります。

　殺人罪以外の犯罪，たとえば，窃盗罪（235条）や監禁罪（220条）といった罪の構成要件要素については，この本の刑法各論（☞121頁以下）の話を読むと学ぶことができますので，そちらを読んでください。

---

*1　用語：客体とは犯人の認識・行為などの対象となるものを指します。

3．犯罪検討のステップ2——違法性

　ステップ1をクリアしたからといって，すぐに犯罪が成立するわけではありません。まだ重要なステップが残されています。それがステップ2の**違法性**と，ステップ3の**責任**の判断です。

ステップ2とは？

　構成要件にあてはまり，犯罪が成立するようにみえたとしても，よく話を聞いてみると，特別な事情がある場合には処罰しないことがあります。以下では，ステップ2の違法性の判断をみてみましょう。

Case 2

Yは B の胸ぐらをつかんで押し倒した。それにより，B は頭部に全治2か月の傷害を負った。

Yの罪を考えるにあたって，まずはステップ1の判断からスタートしましょう。Y が B の胸ぐらをつかんで押し倒したために B が傷害を負っています。そのため，Y に 204 条の傷害罪が成立するようにみえます。

> 第204条（傷害）
> 人の身体を傷害した者は，15 年以下の懲役又は 50 万円以下の罰金に処する。

正当防衛が成立

しかし，Y によく話を聞いてみると，以下のような事情があった場合はどうでしょうか。

Case2 の Y が友人と歩いていたところ，向こうから歩いてきた B が急に Y につかみかかってきて，なぐろうとした。そのため，Y は自分の身を守るために仕方なく，B の胸ぐらをつかんで押し倒したという事情があった。

このような場合，Y に**正当防衛**が成立します（☞総論第8話）。正当防衛の規定は以下のとおりです。

> 第36条（正当防衛）
> ①急迫不正の侵害に対して，自己又は他人の権利を防衛するため，やむを得ずにした行為は，罰しない。

ステップ2をクリア——違法性

Y は B に傷害を負わせていますので，傷害罪にあたります。つまり，傷害罪の構成要件に該当します。しかし，自分の身を守るためという事

情がある場合、その行為は正当だといえるため、罰しないと判断されることになります。この正当防衛のような事情が認められれば、「違法ではなくなる（＝正当である）」ことから、「**違法性阻却**[*2]**事由が認められる**」とよんでいます（☞**総論コラム①**「**違法性阻却事由について整理しよう！**」）。

---

*2　用語：阻却とは、しりぞける、さまたげるの意です。

4. 犯罪検討のステップ3 —— 責任

ステップ3とは

Case
3

Zは、リュックサックから金属製のハンマーを取り出して、突然、見知らぬCにたいして複数回、なぐりつけた。それによって、Cは全治2か月の傷害を負った。

Case3のZは、見知らぬCにたいして、ハンマーでなぐりかかって傷害を負わせていますので、204条の傷害罪が成立しそうです（ステップ1）。**Case2**のように、自分の身を守るためといった事情がないので、違法性阻却事由は存在しません（ステップ2）。

心神喪失だった

しかし、よく話を聞いてみると、Zがなぐったときには、精神的な病気のために、心神喪失だったという事情があった場合はどうでしょうか。

> 第39条（心神喪失及び心神耗弱）
> ①心神喪失者の行為は、罰しない。

39条1項には**心神喪失者**とありますが、これは、責任能力がない状

態の人をさします。つまり，精神的な病気にかかっているために，自分のやっていることが犯罪にあたることを理解できなかったり，自分をコントロールできない場合を意味します（☞総論第9話）。このような状態にあるZは，39条1項にしたがえば処罰されないということになります。

ステップ3をクリア──責任

　ZはCに傷害を負わせていますので，傷害罪の構成要件に該当し，違法性阻却事由も認められません。しかし，Zの精神的な病気という個人的な事情から例外的に罰しない（責任がない）という判断が行われます。このようなステップ3における判断を，「責任」と呼んでいます。

5．犯罪を検討するための3ステップ

構成要件該当性→違法性→責任という流れ

　それでは犯罪を検討するための3ステップを復習しましょう。

　ステップ1は構成要件該当性の判断です。まずは，条文を手がかりにして，その犯罪が成立するための要素を明らかにします（構成要件要素）。それらの要素がすべて備わっているかを検討します。

　次に，ステップ2の違法性の判断へ移ります。たとえば，よく話を聞いてみると，正当防衛のような，正当だと認められる理由が存在する場合，つまり，違法性阻却事由が認められるかどうかを検討します。

　最後に，ステップ3では，違法な行為であったとしても，責任が認められるかどうかを判断します。たとえば，心神喪失のように，より個

人的な理由にもとづいて許される場合，すなわち，責任阻却事由（☞総論第9話）が認められるかどうかを検討していくことになります。

総論を読むときには……

　この本の前半には「刑法総論」の内容が書かれています。「刑法総論」では，この3ステップをよりくわしく解説していきます（☞総論第3話〜第13話）。各話のはじめに，どのステップの説明をしているのかを示していますので，読むときの参考にしてください。

この本における3ステップ

3ステップ	この本に書かれている話
ステップ1 ：構成要件該当性	総論第3話（実行行為と結果）
	総論第4話（因果関係）
	総論第5話（不作為犯）
	総論第6話（故意・錯誤）
	総論第7話（過失犯）
	総論第11話（未遂犯）
	総論第12話（正犯と共犯）
	総論第13話（教唆・幇助と共犯をめぐる諸問題）
ステップ2：違法性	総論第8話（正当防衛）
	コラム　違法性阻却事由について整理しよう！
ステップ3：責任	総論第9話（責任能力）
	総論第10話（違法性の錯誤）
	コラム　刑法の目的と機能

第 3 話

実行行為と結果　犯罪のスタートとゴール

殺人罪になるだろうか?

X は, ふじえだ治療院を経営する鍼灸師であり, はり治療の評判は大変よかったが, 裏の世界では腕のよい殺し屋として知られていた。 ある日, 裏の世界の有力者より「A は生かしておいては, この世のためにならない悪いヤツでございます。 A を殺していただきたい」と頼まれた。 これを引き受けた X は, 約 1 か月後の深夜に, A の寝室に忍び込むと, 寝ている A の心臓に, 長さ 10 cm の太い針を突き刺した。 これにより A は死亡した。

Y は, デューク西郷とよばれている殺し屋であるが, ある日, 依頼人より「B は弱い人間からお金を巻き上げる悪いヤツだ, B を殺してほしい」と頼まれた。 Y は, 「わかった, やってみよう」と言ってこれを引き受けた。 Y は, 某月 13 日の深夜に B 宅の寝室の窓の外から, ベッドで寝ている B を目がけてライフルを 1 回発砲した。 しかし, 弾は命中せず, B はかすり傷すら負わなかった。

Case2 の依頼人は, 狙撃に失敗した殺し屋 Y など頼りにならないと考え, 黒魔術師を名乗る Z に, 「あなたの呪いで B を殺してくれ」と依頼した。 これを引き受けた Z は, 自宅で「死の呪文」をとなえた。 次の日 B は心臓発作で突然死亡した。

1. 犯罪のスタートとゴールに注目しよう!

これから犯罪の全体像をおおまかにみていくことになりますが, この

第3話では，犯罪の最初と最後，つまりスタートとゴールの部分に注目してみていきたいと思います。さて，先にあげた Case1〜3 ですが，X・Y・Zがやったことは殺人罪になるでしょうか。あまり深く考えなくても答えは出そうですが，とりあえず殺人罪の条文をみてみましょう。

> 第199条（殺人）
> 人を殺した者は，死刑又は無期若しくは5年以上の懲役に処する。

　このように199条の殺人罪は「人を殺した」ことによって成立する犯罪です。さて，X・Y・Zは「人を殺した」といえるでしょうか？「かんたんすぎる！」と思われる人もいるでしょうが，こうした単純な事例をていねいにみていくことで，犯罪というものの全体像をつかみ，重要な事柄を学ぶことができますので，しばらくおつきあいいただければと思います。

2. XとYに殺人罪は成立するだろうか？

　まずXからみていきましょう。Xは長い針をAの心臓に突き刺しています。そして，これによって実際にAは死んでいます。したがって，Aを「殺した」といえるため，199条の殺人罪が成立します。

　これに対して，Yはどうでしょうか？　Xの場合とはちがって，Yはライフルを発砲していますが，Bは死んでいない，つまり最終的に死の結果が発生していません。したがって「殺した」とはいえないため，199条の殺人（既遂）罪は成立しないということになります（ただし殺人未遂罪は成立します！　既遂と未遂のことはあとの5で説明します）。

　殺人罪をはじめとする代表的な犯罪の多くは，ゴールとして結果が発生することが要求されます。204条の傷害罪であれば「人の身体を傷害した者は……」，235条の窃盗罪であれば「他人の財物を窃取した者

は……」と書かれていますが，それぞれ，実際にケガをさせる，店の商品をポケットに入れるといった結果を発生させなければなりません。

3. Zに殺人罪は成立するだろうか？

　それでは，Zはどうなるでしょうか？　ここでは死の結果が発生しています。しかも，ZはBを殺そうとしています。

　しかし，199条の殺人罪にはなりません。ひとことでいえば，呪文(じゅもん)で人は死なないからということですが，もう一歩踏(ふ)み込(こ)んで表現すれば，そもそも最初のところで，人の死の結果を発生させる危険な行為をおこなったとはいえないからです。これは204条の傷害罪や235条の窃盗罪(せっとうざい)などでも同じことです。わら人形に呪いのためのクギを打ちつけたり，「お金よ，わが家(や)に飛んでこい」と祈ったりしても，これらの犯罪は成立しません。なぜなら，スタートの段階で，他人にケガをさせたり，他人の財産が犯人の手元に移動したりするという結果を発生させる危険のある行為をおこなっていないからです。

　このように，犯罪が成立するためには，出発点において，そもそも，犯罪の結果を発生させる危険な行為をおこなうことが必要となります。このような危険な行為のことを，実行行為といいます。たとえば，ある人の死を願って，ノートに「死ね」と書くことも（気味(きみ)は悪いですが）殺人罪にはなりません。このようなおこないは，殺人罪の実行行為とはいえないからです。

4. 実行行為(じっこうこうい)と結果はスタートとゴール！

　以上をまとめると，199条の殺人罪が成立するためには，最初に実行行為がおこなわれ，最後に人の死という結果が発生しなければならない，ということになります。これは，いわば犯罪のスタート（実行行

為）とゴール（結果）ということができるでしょう。最初にあげた Case1～3 のうち，X については，スタートである実行行為がおこなわれ，ゴールである結果が発生していますので，殺人罪が成立します。これにたいして，Y については，スタートである実行行為がおこなわれているとはいえるでしょうが，ゴールである結果が発生しなかったというケースです。また，Z については，結果は発生しているけれども，そもそもスタートである実行行為がおこなわれていないケースであると整理することができます。このように，スタートの実行行為とゴールの結果のうち，どちらか一方が欠けても，199 条の殺人罪は成立しないのです。そして，すでに述べたように，このことは殺人罪だけでなく，傷害罪，窃盗罪，器物損壊罪といったみなさんが聞いたことのある犯罪の多くにあてはまります。

5. 既遂と未遂

ここまで読まれた方の中には，「殺人未遂ってあったよな。Y は殺人未遂で処罰されるんじゃないか？」と思った人，たったいま「そういえば，聞いたことがあるな」と思った人もいるかもしれません。そうした疑問に答えるために，ここで整理をしておきます。

それぞれの条文に「人を殺した者は……」（殺人罪），「人の身体を傷害した者は……」（傷害罪），「他人の財物を窃取した者は……」（窃盗罪）と書かれていますが，書かれていることすべてをみたした場合に，犯罪が成立することは先ほど 4 で述べたとおりです。このように，条文に書かれていることすべてをみたす場合を既遂といいます。

これに対して，犯罪の実行に出たけれども結果が発生せず，条文に書かれていることの一部をみたさない場合を未遂といいます。たとえば，Case2 では，Y の弾丸（＝弾）が B に命中して死の結果を発生させれば，殺人罪の既遂，死の結果を発生させなかった場合は，殺人罪の未遂

ということになります。

6. 未遂の条文をみてみよう

さらに未遂について，くわしくみていきたいと思います。未遂については，43条に書かれています。まずは条文を確認しましょう。

> 第43条（未遂減免）
> 犯罪の実行に着手してこれを遂げなかった者は，その刑を減軽することができる。（以下略）

このように，未遂とは「犯罪の実行に着手してこれを遂げなかった」場合をいいます。「犯罪の実行に着手して」とは，実行行為をおこなって，被害者の生命などを危険な状態にさらすことをいいます。「遂げなかった」とは，「やり遂げる」の「遂げる」です。つまり，「最後までうまくやりきることができなかった」というくらいの意味です。こうした場合が未遂だということになります。まさに，**Case2**におけるYの場合が，これにあたります。

7. 未遂はなぜ犯罪なのか？

たしかに，未遂の場合，結果は実際に発生していません。しかし，たまたま最悪の結果が発生しなかったというだけであって，そもそも人の生命に対して危険なことをおこなったり，危険を発生させたりすることは，とても悪いことで許されることではありません。こうした危険性を理由として，未遂は犯罪として処罰されるのです。もっとも，最悪の結果は発生させなかった分，既遂の場合よりは，刑を軽くすることが認められています。

8．すべての罪の未遂が犯罪となるわけではない！

　ただし，注意しなければならないのは，すべての罪の未遂が犯罪となるわけではないという点です。かなりおおざっぱな言い方になりますが，悪質な罪の未遂は犯罪だが，さほど悪質でない罪の未遂は犯罪とはされていないと，一応いうことができます。

　殺人罪の未遂が犯罪であるということは，感覚的にわかるかもしれませんが，たとえば，器物損壊罪の未遂は犯罪ではありません。だから，窓ガラスを目がけて石を投げたが，命中しなかったという場合，犯罪にはなりません。問題は，どこをみればわかるのかということです。

9．未遂が犯罪となるかどうかは，どこをみればわかるのだろう？

　この点については，44条に書かれています。とりあえず条文をみてみましょう。

> 第44条（未遂罪）
> 未遂を罰する場合は，各本条で定める。

　かんたんにいえば，「未遂を処罰する場合については，ちゃんと条文で書きますよ」ということです。しかし，「各本条」がどの部分をさすのかがよくわからないと思います。

　そこで，さしあたっては，それぞれの犯罪の章の終わりのほうをみればわかることが多いと考えておいてください（たまに，中途半端なところにおかれていたりしますが……〔112条など〕）。

10．まずは章の終わりのほうを確認しよう！

　たとえば，殺人罪（199条）は「第26章　殺人の罪」の中にありま

すが，章の終わりの203条に「第199条及び前条の罪の未遂は，罰する」と書かれています。こういう条文がある場合だけ，未遂は犯罪となります。あるいは，窃盗罪（235条）がある「第36章　窃盗及び強盗の罪」では，章の終わりのほうの243条に「第235条……の罪の未遂は，罰する」という条文がおかれています。だから，窃盗罪の未遂も犯罪ということができます。

　これにたいし，器物損壊罪（261条）がある「第40章　毀棄及び隠匿の罪」には，このような条文はおかれていません。だから，器物損壊罪の未遂は犯罪ではないということになります。また，意外に思われるかもしれませんが，傷害罪（204条）のある「第27章　傷害の罪」にも未遂の条文はおかれていません（暴行罪〔208条〕がそのかわりをしているとも考えられています）。

11. 不能犯とは何か？

　さて，すでに述べたように，未遂が未遂犯として犯罪となる理由は，生命，財産などにたいして危険なことをおこなったり，その危険を発生させたりすることにあります。そうすると，逆にいえば，犯人のおこなったことに結果を発生させる危険がまったくない場合には，犯罪にはならないということになります。このよう場合のことを**不能犯**といいます。不能犯は犯罪ではありません。最初にあげた Case3 の Z の呪文をとなえる行為のような，迷信による行為は不能犯です。

　もっとも，このように明らかな場合はともかく，「危険」という言葉は，いろんなとらえ方ができる用語であり，不能犯かどうかびみょうな場合もあります。

12. 2つの危険のとらえ方

〔**Case2** を少し変えました〕

Case 4

　殺し屋Yは，某月13日の深夜にB宅の寝室の窓の外から，ベッドを目がけてライフルを1回発砲した。しかし，弾は命中せず，Bはかすり傷すら負わなかった。弾があたらなかったのは，Bがたまたまトイレに行っていて，ベッドの中にいなかったからであった。

　こうした場合，Bの生命にたいする危険な行為といえるでしょうか？　それとも不能犯にあたり，未遂犯にはならないでしょうか？

　危険のとらえ方については，2つの見方を知っておくとよいでしょう。1つ目の見方は，以下のようなものです。

①Bはトイレに行っていたのだから，絶対に弾丸があたって死ぬことはない。だから，Yのライフルの発砲は生命に対する危険を発生させるものではない。したがって，不能犯であり，犯罪にはならない（このような考え方を，**客観的危険説**といいます）。

これに対し，以下のような見方もあります。

②Bがトイレに行っていたことは，後になってわかったことである。一般の人からみると，ライフルを発砲した時点では，ふつうならベッドにBが寝ていると考えるわけで，Bがトイレに行っていたのはたまたまにすぎないのだから，生命に危険を発生させる行為といえる。したがって，殺人未遂であり，犯罪である（このような考え方を**具体的危険説**といいます）。

　さらにいろいろと複雑な議論があるのですが，ここではひとまず，こうした2つの見方があるということを知っておいてください。ちなみに，裁判所は，この2つの見方を場合によって使い分けており，どちらか1つを選んでいるわけではありません。はっきりしてほしいとこ

ろですが，割り切ることは，なかなかむずかしいようです。

● **もう一歩前へ**

　すでに述べたように，犯罪が成立するためには，実行行為をおこなうことが必要です。さて，この実行行為ですが，自分の手でなぐったり，ナイフで刺したり，あるいは店の商品に手をかける場合がほとんどです。しかし，自分の手で直接におこなうのではなく，他人を道具のように一方的に利用して実行行為をおこなうこともありえます。こうした犯罪のやり方を，**間接正犯**といいます。

　間接正犯の例として，親が，善悪の判断をきちんとできない小学校低学年の息子に命じて，万引きをさせたというケースが，これにあたります。この場合，息子は刑事未成年者（41条）なので窃盗罪は成立しません。しかし，息子を一方的に利用する行為は，窃盗罪の結果を発生させる危険性をもった行為といえるので，間接正犯の実行行為にあたり，この親には窃盗罪が成立するとされています（責任能力，間接正犯について，くわしくは**総論第9話，総論第12話**を読んでください）。

第 **4** 話
因果関係　犯罪のスタートとゴールを結びつけるもの
いんが　かんけい

なぜ殺人罪にならないのだろう？

Case 1

Xは，殺意をもってAの頭部を金属バットで，数回なぐりつけた。その後，Aは病院で死亡したが，Xは殺人罪に問われなかった。

1. 因果関係について理解しよう！
いんが　かんけい

　この話のテーマは**因果関係**です。ふだんあまり使わない言葉ですが，むずかしく考える必要はありません。因果関係をめぐって，どのようなことが問題となるか，最初にあげたケースを使って確認してみましょう。

　さて，このケースをざっと読んで，「なぜ殺人罪にならないのだ？」と疑問に思われた方も多いかと思います。しかし，そうした疑問を持つということは，すでに因果関係の基本的なところを理解しているともいえます。

　おそらくですが，「殺人罪が成立して当然だ」と考えた人は，「その後，Aは病院で死亡した」のところに，「頭部に負わされたケガが原因で」という内容を読み込んだのではないでしょうか。ふつうなら，そのように読んで当然ですね。

2. 話には続きがあった！

　しかし，この **Case1** に続きがあったとしたら，結論はかわってくるのではないでしょうか。Aの家族にくわしく話を聞いてみると，「その後」

というのは，Xになぐられてから 10 年後のことであって，頭部のケガはすっかり治って普通に生活をしていたところ，かぜをこじらせて肺炎で入院して亡くなったというのです。

いきなり，だまされたような気分にさせて申し訳なかったですが，このような事情をプラスして考え直せば，頭部の傷がすっかり治ったというところで，いったん話は終わっていて，肺炎で死んだのは，Xがなぐったこととは関係ない，と思うのではないでしょうか。このことを刑法の世界では，「Xがなぐったことと，Aの死亡との間には因果関係がない」と説明するのです。因果関係という言葉は，このように使います。

3．犯罪のスタートとゴールのおさらい

この因果関係という用語は，いろんな犯罪を考えるうえで，とても重要なキーワードですので，ここで整理をしておきたいと思います。

因果関係の位置づけについて確認する前に，あらためて**総論第3話**で学んだことをおさらいしておきましょう。**総論第3話**では，犯罪の成立というものを考えるうえで，実行行為と結果が重要だということを学びました。

つまり，犯罪が成立するためには，最初に，生命，身体，財産などに対して危険な行為をおこなう必要があります。たとえば，ナイフで刺す，顔面をなぐる，店の商品に手をかけるといった行為です。こうした危険性をもった行為を**実行行為**といいます。そして，最終的に，人が死ぬ，ケガをする，商品がうばわれるといった**結果**が，実際に発生しなければなりません。

4．因果関係はスタートとゴールを結びつけるもの！

しかしながら，実行行為と結果がありさえすれば，常に犯罪となるわけではありません。実行行為と結果との間に因果関係が認められて，は

じめて犯罪は成立するのです。

　まさに Case1 であげたケースが，このことをあらわしています。金属バットで頭部を数回なぐりつけるという生命に危険な行為をおこなっており，実行行為はおこなわれています。また，A は死亡したわけですから，結果も発生しています。しかし，A は肺炎で死んだのであって，なぐられて死んだとはいえません。だから因果関係は認（みと）められません。

　つまり，このケースは，実行行為と結果は認められるが，因果関係がないことを理由に犯罪（殺人既遂罪（きすいざい）〔199 条〕）は成立しない事例（じれい）だと整理することができます。

　ここまで述（の）べてきたことをまとめると，以下のようになります。

　「犯罪（既遂犯（きすいはん））が成立するためには，実行行為がおこなわれ，結果が発生し，その間には因果関係がなければならない。」

　このことを，しっかりと頭に入れておきましょう。

5．因果関係（いんがかんけい）がなかったら？

　もっとも，「因果関係がなければ犯罪が成立しない」という言い回（まわ）しには注意が必要です。「犯罪が成立しない」というのは，殺人罪の既遂（きすい）にはならないという意味です。バットで頭部をなぐるという実行行為を行い，死の危険を生（しょう）じさせているので，殺人未遂罪（さつじんみすいざい）は成立する点に注意してください（既遂・未遂☞総論第 3 話）。

　その他，暴行を加えて人を死なせたが，殺そうという意思（殺意（さつい））まではなかった場合に適用される傷害致死罪（しょうがいちしざい）（205 条）も，因果関係がよく問題となる犯罪ですが，暴行（ぼうこう）と死の結果との間の因果関係が否定された場合でも，ケガをさせていることが多く，傷害罪（しょうがいざい）（204 条）の成立は認められるケースがほとんどです（☞各論第 2 話）。

6. 因果関係があるといえるかどうか微妙なケース

　ここまでは，あきらかに因果関係が認められないケースをみてきましたが，事例によっては，因果関係があるといえるか微妙な場合もあります。そのような場合，どのようにして，因果関係があるかないかが決められるのでしょうか。具体的なケースを使いながら，みていくことにしましょう。

Case 2

　あなたは，Aとけんかになり，Aの脚を数回蹴ったところ，やがて周囲の人が止めに入った。Aは「大丈夫です」といいながらも，脚を引きずっていたことから，周囲の人たちが念のためタクシーをよんでAを乗せた。しかし，一般道路を走行して病院に向かう途中，時速120kmで暴走してきた乗用車が，真横からタクシーにぶつかった。この衝突事故によって，頭部を強く打ったAは死亡したが，死因は事故による脳の損傷であった。

7. 条件関係は絶対に必要！

　Case2 では，ただちに殺意まで認められるような事情はないことから，殺人罪は問題となりません。傷害致死罪が成立するか，それとも傷害罪が成立するにとどまるかが問題となります。はたして，あなたの暴行とAの死亡との間に，因果関係が認められるでしょうか。

　最終的にAは交通事故で死んだわけですが，どうしてAはタクシーに乗っていたのでしょうか。それは，あなたがAの脚を蹴ったからです。たしかに，脚のケガが直接の原因で死んだわけではありませんし，一般道路を120kmで走ってきた乗用車にぶつけられるのは異常なことです。しかし，「そもそも，あなたが暴行を加えてなかったら，Aはタクシーに乗ることはなく，交通事故にあって死ぬことはなかった」とはいえます。

このように、「その行為をしていなかったら、このような結果は起こらなかったであろう」、すなわち「あれなければ、これなし」という関係を条件関係といいます。こうした条件関係すらない場合に、因果関係を否定すべきであることは、いうまでもないことでしょう。

8. 条件説の問題点と相当因果関係説

では、条件関係がありさえすれば、常に因果関係を認めてよいでしょうか。そのように考える見解を、条件説といいます。

条件説は、かなり前には有力な見解でした。しかし、 Case2 で因果関係を認めてよいものか疑問も生じるところですし、この説の考え方をおし進めると、偶然にも落ちてきた飛行機がタクシーにぶつかった場合でも、因果関係を認めるという結論になりかねません。それでは広すぎるだろうということで、因果関係の成立範囲をせまくしようとする考え方が登場するようになります。

そうした考え方の代表格が、相当因果関係説という学説です。この説も、条件関係すらない場合には因果関係を否定します。しかし、条件関係があったとしても、異常なプロセス（過程、経過）をたどって結果が発生した場合には、因果関係を否定すべきだとします。逆に、条件関係が認められ、かつ通常のプロセスをたどって結果が発生した場合には、因果関係を肯定すべきだとします（実は、いろいろなバリエーションがあるのですが、ややこしくなるので、ここでは大まかな話だけをします）。

9. 相当因果関係説による判断

わたしたちの生活において、交通事故の発生それ自体はめずらしいことではありません。しかし、 Case2 のように、乗用車が一般道路を120 kmで暴走するというのは、きわめて異常なことだといえます。し

かも，中に乗っている人が死亡するような大きな事故にタクシーが巻き込まれることは，めったにないことだといえます。

このように異常なプロセスをたどって結果が発生した場合，たとえ条件関係は認められるとしても，相当因果関係説の立場からは，あなたの暴行とＡの死亡との間の因果関係は否定されます。したがって，傷害致死罪は成立せず，せいぜい脚を負傷させたことについて傷害罪が成立するにとどまるという結論になります。

10. 相当因果関係説だけでは，すべてを解決できない！

このように実行行為から結果にいたるプロセスが通常か異常かで判断するという方法により，因果関係が問題となる多くの事例をめぐって，納得のいく結論をえることができます。こうした判断の方法は，実際の裁判でも，ある程度は取り入れられているといってよいでしょう。

しかし，相当因果関係説が，実際の裁判において，そのままの形で全面的に採用されているかというと，そうともいえません。というのも，実行行為から結果にいたるプロセスが異常だからといって，それだけを理由に因果関係を常に否定してよいものか，ためらわれるケースもあるからです。以下のようなケースを考えてみましょう。

Case
3

Ｘは合宿所でＡの頭部を何回もなぐりつけたところ，Ａは気を失った。そして，Ｘは，気を失っているＡを車で港まで運ぶと，その場に放置して立ち去った。そうしたところ，そのすぐあとに，たまたま通りかかったＰが，倒れているＡの頭部を木の棒で数回なぐった。その後Ａは死亡したが，死の原因となった頭部の傷害はＸの暴行によって生じたものであり，Ｐの暴行は死亡時間をせいぜい30分ほど早めるものに過ぎなかった。ＸもＰも殺意はなかった。

11. 相当因果関係説をそのままあてはめると？

Case3 において，X が A の頭部をなぐったという実行行為と，P によって 30 分早められた A の死亡結果とのあいだに因果関係はあるでしょうか。相当因果関係説から考えた場合，まず，条件関係があるかどうかが問題となります。A の頭部をなぐりつけるという実行行為がなければ，最終的に A が死亡するという結果は発生しなかったわけですから，条件関係はあるといえるでしょう。

次に，P の行動が異常といえるかを中心に，実行行為から結果にいたるプロセスが<u>通常か異常か</u>を考えることになります。倒れている A をみた人は，ふつうなら救急車を呼ぶことでしょう。あるいは，かかわり合いになりたくないということで，何もせず立ち去る人もいるかもしれません。これに対して，木の棒でなぐって立ち去るというのは，異常きわまりない行動といってさしつかえないと思います。こうした P の異常な行動がなければ A は 30 分早く死ぬことはなかったわけですから，X の実行行為から結果にいたるプロセスは異常だといえます。

したがって，相当因果関係説をそのままあてはめれば，**Case3** では因果関係が否定され，X には傷害致死罪ではなく，傷害罪が成立するにとどまるという結論になりそうです。

12. 死の原因を作ったのは誰か？

これも 1 つのありうる結論であり，間違いだと決めつけることはできません。しかし，これでよいものかとためらわれるのも事実です。というのも，A に致命的なダメージを与え，頭部の傷害という死の原因を作ったのは，ほかならぬ X だからです。P が木の棒でなぐったことで 30 分早く死んだということを，それほど重くみるべきなのか？　P が木の棒でなぐったことは，ちょっと傷口を広げただけじゃないか？　そ

んな疑問もわいてくるところです。

　実際にも似たようなケースが問題となり，最高裁判所まで争われました（**大阪南港事件**という有名な事件です）。最高裁判所は，犯人が致命的なダメージを与えて，それが原因で被害者が死んだのであれば，死亡時期を少し早めるような異常な出来事がはさまったとしても，因果関係は肯定できるとしています。

　こうした死の原因に着目する考え方からすると，Xが頭部をなぐったという実行行為とAの死亡との間の因果関係は肯定され，傷害致死罪が成立するという結論になります。

13. まとめ

　実際の裁判で因果関係が争われた場合，①実行行為から結果にいたるプロセスが通常か異常か，②実行行為が結果発生の決定的な原因を作り出したといえるか，といった物差しを組み合わせて，因果関係の判断をしています。さしあたり，因果関係の話をまとめると，大体としては，このように整理することができます。

　因果関係については，いろいろと複雑な議論がなされているところですが，あまり細かいところにとらわれず，まずは，おおまかなところからおさえるとよいでしょう。また，因果関係が争われる事件では，裁判官によって結論が異なる場合もあり，因果関係があるともないとも考えられる微妙なケースも少なくありません。したがって，単純に結論をおぼえるよりは，考え方を学ぶことが大事だということになります。

● もう一歩前へ

Case3は，大阪南港事件という実際に起こったケースをモデルとしています。「こんなことが本当に起こったのか？」と，びっくりされたかもしれません。しかし，こうした複雑なケースが問題となったことには，ちょっとした裏事情があります。

実は，この事件では，2回目の暴行をだれがやったのかが証拠上，あきらかになりませんでした。正直なところ，「おまえがやったんじゃないのか？　言い訳するなよ！」と被告人に言いたくなるところかもしれません。しかし，はっきりしないのなら，被告人にとって有利な方をとるという決まりごとがあります。これを，「疑わしきは被告人の利益に」の原則といいます。無実の人を犯罪者として罰することを防ぐ目的から，このような原則がとられています。

大阪南港事件では，被害者の着衣の乱れなどから，倒れている被害者の財布などを目当てとした物盗りの犯行の可能性も否定できませんでした。気を失っている被害者が，けいれんして「ぴくっ」と動いたのに対して，ドロボウが，抵抗を防ぐために暴行を加えるということも考えられます。そうした疑いが残る以上は，「被告人以外の何者かが2回目の暴行を加えた」という事実を前提として，それでも因果関係があるかどうかを問題とせざるをえないのです。

この事件にかぎらず，だれが何をしたのか証拠上はっきりせず被告人を有利に扱った結果として複雑で奇妙な事例ができあがり，それをめぐって因果関係について争われるケースも少なくありません。このようなことも知っておいていただければと思います。

第 **5** 話

不作為犯　ぼくは "何かをしない" をやっているよ

1. プロローグ

オ：こんにちは。今回のゼミでは,「不作為犯」について一緒に勉強していこうか。まず, ワシオさんから, 今回取りあげる Case について紹介してもらっていいかな。

ワ：はい。今回取りあげる Case は, 次のとおりです。

> Case
>
> 宗教家 X は, 自己の信奉者 A の息子 B から依頼され, その生命を維持するためには適切な医療措置を受けさせることが必要な状態にある A にたいし, 治療と称して祈禱をおこなった。X は, このままでは A が死亡する危険があることを認識していたが, A を病院に連れて行くことになると, 自己の威厳がたもてなくなってしまうと考え, A が死亡することになってもやむをえないと思いながら, 必要な医療措置を受けさせないまま A を放置して, 死亡させた。

オ：はい, どうもありがとう。この Case では, X に 199 条の殺人罪 (☞ **各論第 1 話**) が成立するかどうかが問題となるんだけど, 何か気になる点はあるかな?

シ：普通, 殺人っていうと, 包丁で刺すとか, 拳銃で撃つとか, ロープで首を締めるとか, 犯人が被害者を殺すために, 積極的に何かをする必要があるように思うんですけど, この X って, 祈禱をしただけで, あとは別に何もしてないんですよね? それなのに, なんで殺人罪の成否が問題になるんですか?

ワ：私も, モリナガ先生の講義で, 犯罪が成立するためには, そのスタートとして, 実行行為が必要だ, って教わったんで (☞ **総論第 3**

話)，もし殺人罪が成立するとしたら，この場合，何が実行行為なのかが気になります。

オ：2人とも，するどいところをついてくるね。まさに，それこそが今回のテーマのポイントなんだ。順番に話を整理していこう。

2．何かを"する"ことによって実現される犯罪——作為犯

オ：まず，199条の規定をみてみよう。そこでは，「人を殺した者は……」と規定されていて，人を殺してはいけないのに，人を殺すことが，処罰の対象とされてるよね。すなわち，禁止に違反して何かを"する"ことで犯罪が成立するわけだ。この，禁止に違反して何かを"する"ことを**作為**といって，それによって実現される犯罪を**作為犯**というんだ。

3．何かを"しない"ことによって実現される犯罪——真正不作為犯

オ：次に，130条の規定をみてみよう。そこには，「正当な理由がないのに，人の住居……に侵入し，又は要求を受けたにもかかわらずこれらの場所から退去しなかった者は……」とあって，侵入"する"場合だけじゃなく，退去"しない"場合もまた処罰の対象とされてるよね。このように，すべきことを"しない"，すなわち，命令に違反して何かを"しない"ことによっても犯罪が成立する場合があるんだ。この，すべきことを"しない"ことを**不作為**といって，それによって実現される犯罪を**不作為犯**というんだ。とりわけ，この130条後段のように，条文が「○○しなかった者は……」と規定していて，命令に違反して何かを"しない"ことが犯罪になることがハッキリしてるもののことを，**真正不作為犯**というんだよ。

4. 何かを"しない"ことによって何かを"する"ことを実現する犯罪——不真正不作為犯

シ：なるほど。犯罪には，何かを"する"ことによって実現される**作為犯**と，何かを"しない"ことによって実現される**不作為犯**があるんですね。

ワ：そうすると，199条には，「殺す」という作為についてしか書かれてないから，Aを放置しただけで何もしてないXに，この規定は使えないんじゃないですか？ 罪刑法定主義（☞総論第1話）があるわけですし。

オ：ワシオさんのご指摘どおり，199条は，「人を殺した者は……」としてるから，この条文は，作為を前提としたものだといえるよね。そうすると，「必要な医療措置を受けさせない」というような不作為について，199条は何も書いてないわけだから，たしかに，Xのしたこと，というか，Xが何もしなかったことについては，この規定は使えないようにもみえるよね。

シ：でも，「見殺し」なんて言葉もあるくらいだし，状況にもよると思いますけど，人を積極的に殺すのも，人が死にそうになってるのにあえて何もしないのも，その人の運命を左右してる点では一緒だから，不作為によって「殺した」と評価できる場合だってあるんじゃないですか？

オ：おっ，いいところに目をつけたね！ シシドくんのいうように，両者の悪質性が同様のものと評価できる，つまり，その不作為が作為による場合と**同価値**だといえれば，不作為による場合でも，それを殺人罪の実行行為とみてよさそうだよね。実際，そのような見方が一般的に認められてるんだ。このように，「○○した者は……」という作為犯の形式で規定された犯罪行為を，何かを"しない"という不作為によって実現するもののことを，**不真正不作為犯**というんだ。

5. 何かをしなければいけないのは誰？ ——保障人的地位

ワ：でも，具体的に，どういう場合に，不作為が作為と同価値だと評価されるんですか？

オ：不作為が犯罪の実行行為として作為と同価値だといえるためには，その人がどのような立場にあったかが重要となるんだ。最初の **Case** についていえば，「X は A の命を救うべき立場にあった」といえることが必要なんだよ。このような立場のことを，**保障人的地位**といって，そのような地位にある人が負う義務のことを，**作為義務**というんだ。

ワ：その保障人的地位や作為義務っていうのは，どこから出てくるんですか？

オ：それについては，いろいろな考え方があるんだけど，最高裁判所の判断によれば，ざっくりいうと，行為者が，**具体的な危険を生じさせたこと**，また，**法益の保護を全面的にゆだねられた立場にあったこと**を根拠として，作為義務が認められているよ。

ワ：そうすると，たとえば，寒い夜に酔っ払って道端で寝てる知らないおじさんがいて，そのおじさんを介抱せずにスルーして，もしそのおじさんが翌朝死んじゃったとしても，そのおじさんの生命に具体的な危険を生じさせたわけでもなく，その生命の保護を全面的にゆだねられた立場にあったわけでもない，ただの通りすがりの人には，そのおじさんを介抱する作為義務がないから，たとえスルーしたとしても，それが不作為による殺人罪の実行行為にあたることはない，ってことになるんですか？

オ：そういうことになるね。まあ，困った人がいたら助けてあげた方がいいのはもちろんだけど，それをしなかったからといって，道徳的に非難されることはあっても，ただちに犯罪者とされてしまうことまではないよ，ってことだね。

6. 何かをしたくてもできなかったら？ ── 作為可能性

ワ：別の例で，たとえば，親が子どもを川遊びに連れて行ったら，その
子どもがおぼれてしまい，親が自分で泳いで助けることも，だれか
の助けをよぶこともできないような状況だった場合，その親は，子
どもを川に連れていったことによって，具体的な危険を生じさせた
といえそうですし，また，親たるもの，子どもの法益の保護を全面
的にゆだねられているともいえそうですけど，作為義務に違反し
た，と評価されることになっちゃうんですか？

シ：う～ん，それってなんか“ムチャぶり”って感じだし，そうなる
と，その親もかわいそうだよね。

オ：そうだね。「義務」というのは，それを実現できる「可能性」があ
ってはじめて課すことができると考えるべきだよね。「法は人に不
可能を強いてはならない」という法のことわざもあるように，そも
そもどうにもしようがない，すなわち，作為可能性がない場合に
は，作為義務を課すことはできないんだ。その親には作為可能性が
ないわけだから，作為義務はなく，当然，その違反もない，ってこ
とになるんだよ。

7. あれあれば，これなし？ ── 不作為の因果関係

ワ：もうひとついいですか？ モリナガ先生の講義で，「実行行為と結
果との間に因果関係が認められて，はじめて犯罪が成立する」って
教わったんですけど（☞**総論第4話**），不作為犯の場合，行為者は何
もしてないんだから，スタートは「無」ですよね？ 「無」から
「有」，すなわち，結果は生じないんじゃないかと思うんですけど，
どういう場合に，その「無」から結果が生じた，って評価できるん
ですか？

シ：（……ワシオさんが何か難しいことをいいだしたぞ。）

オ：これまた重要な指摘だね。ワシオさんのいうとおり、犯罪というのは、行為者のした「実行行為」が原因となって、法益侵害ないしはその危険の発生という「結果」へといたるものだから、不作為犯の場合も、もちろん、その不作為が結果発生の原因となったといえること、すなわち、不作為と結果との間の**因果関係**が必要となることは間違いない。ちなみに、普通はどう考えるんだったっけ？

ワ：「その行為をしていなかったら、このような結果は起こらなかった」という、「あれなければ、これなし」という**条件関係**がまず必要だって習いました。

オ：そのとおり。でも、困ったことに、不作為犯の場合、そもそも何もしてない、すなわち、作為がないわけだから、「その行為をしていなかったら」という条件をみたしようがないんだよね。

ワ：たしかに。じゃあ、どうしたらいいんですか？

オ：不作為犯の場合には、「その行為をしていたならば、このような結果は起こらなかった」、すなわち、「あれあれば、これなし」というふうに、条件関係の公式をまずとらえなおす必要があるんだ。

ワ：そうとらえなおすと、具体的にどうなるんですか？

オ：もう一度、作為犯から確認しよう。たとえば、「XがAをピストルで射殺した」という場合に、Xのピストルを撃つ行為と、Aの死という結果との間の条件関係が認められるのは、「Xがピストルを撃たなければ、Aが死ぬことはなかった」、すなわち、Xの「ピストルを撃つ」という行為を取り除けば、Aの死という結果が確実に発生しないといえるときだったよね。

ワ：はい、そうです。

オ：これにたいして、「Xが必要な医療措置を受けさせなかったのでAが死亡した」という不作為犯の場合はどうだろう。この場合、「Xが必要な医療措置を受けさせていたならば、Aが死ぬことはなかっ

た」というふうに，死の結果の発生を防止するための行為である，「必要な医療措置を受けさせる」という作為義務をつくすことを付け加えたとしても，Aが実際に助かるかどうかは，Aの健康状態などにも左右されるから，それによって結果の発生を確実に防止できたかというと，必ずしもそうとまではいいきれないよね。

ワ：たしかに，「ああしていれば，こうなっていたはずだ」という，不確実な"可能性"の話でしかないから，その関係性は，作為犯の場合とくらべて，とてもあいまいですね。

オ：そうなんだよね。だから，不作為犯の因果関係を考える場合には，"作為義務をつくしていたならば，どれだけの確率で結果の発生を防止できたといえるか"が重要となるんだ。これについて，最高裁判所は，作為義務をつくしてさえいれば，**ほぼ確実に**結果を回避することができただろうといえる場合にかぎって，不作為と結果との間に因果関係を認めることができる，という判断基準をしめしているよ。

シ：（う～ん，難しすぎて話についていけん……。あとで因果関係のところを復習しておこう……。）

8．エピローグ

オ：おっと，そろそろ終わりの時間だね。今回はここまでにしておこうか。CaseのXがどうなるかは，自分で考えてみよう。今回の内容はとくに難しかったと思うから，復習をしっかりしておいてね。わからないままにしておくという「不作為」はダメだよ。

シ・ワ：はい，おつかれさまでした！

第 **6** 話

故意・錯誤 「わざと」と「かんちがい」

1. 故意犯処罰の原則！

Case 1

ある日の夜，Xは居酒屋で酒を飲んでいると，たまたま，となりに座っていた客Aとトラブルになり，はげしい口論となった。
AにののしられたXは激怒し，Aを1発手拳で殴打して転倒させたのち，店の主人が使っていた刃渡り15cmの包丁をカウンターごしに取り上げて，あお向けに倒れ込んでいたAにまたがり，それでAの腹を2回強く突き刺した。Aは直ちに病院に搬送されたが，臓器や動脈がはげしく損傷しており，出血多量によりまもなく死亡した。
警察に逮捕されたXは，Aが死亡したことについて，警察官に，「殺すつもりはなかった。痛めつけようとしただけだ」とのべた。

犯罪は，**故意犯**と**過失犯**に大きくわけられます。38条1項の「罪を犯す意思」が故意のことであり，これがなければ「罰しない」とされていますので，犯罪の成立には故意が必要だということになります。故意とは，ひらたくいえば「わざと」することです。

もっとも，「特別の規定がある場合は，この限りでない」とも書かれています。

> 第38条（故意）
> ①罪を犯す意思がない行為は，罰しない。ただし，法律に特別の規定がある場合は，この限りでない。

「ただし」以下の部分は過失犯のことであり，条文に規定があれば，過失も処罰することができます。その場合は，「過失により」という言

葉などで規定されています。このように，故意犯を処罰することが原則で，過失犯の処罰は例外だということになります。

2．なぜ故意犯は刑罰が重いのか？

　故意犯と過失犯の刑罰をくらべると，故意犯があきらかに重いことが分かります。たとえば，人の生命の保護にかんし，故意犯である殺人罪（199条）は，刑罰の上限は死刑，下限は懲役5年であるのにたいし，過失犯である過失致死罪（210条）は，上限が罰金50万円であり，業務上過失致死罪・重過失致死罪（211条）だとしても，上限は懲役5年なのです。なぜ故意犯の刑罰が重いのかというと，わざと犯罪を実現しようとする者は，より強い非難に値するからです。また，わざと犯罪を実現した者にはより重い刑罰が科されることを，あらかじめ刑法に規定することにより，わざと犯罪を実現しようとする者に，犯罪行為に出ることを思いとどまらせて，犯罪を予防しようと考えているからなのです。

3．故意と過失の区別

　故意と過失は，どのように区別されるのでしょうか。「殺してやる」と思って人の心臓をナイフで突き刺した場合や，殺すこと自体が目的ではないが，寝たきりの老人が確実に死ぬことが分かった上で，火災保険金目あてにその家に火を放つ場合は，殺人の故意があるといってよいでしょう。他方，自分の傘だとかんちがいして他人の傘を持ち帰った場合は，「他人の物を盗む」という事実がまったく頭をよぎっていないため，過失だということになります。

　では，「人が死ぬ」ということが頭をよぎったならば，すべて故意犯としてよいのでしょうか。そのように考えると，慎重な人は色々と想像

して行動しますので，そのような人ほど故意犯が成立しやすくなってしまいます。たとえば，自動車の運転中，慎重な人ほど「赤信号で飛び出してきた人をひき殺してしまうかもしれない」と思うかもしれませんが，これをただちに殺人の故意があるとするのは問題があるでしょう。そこで，「人が死ぬ」などの結果の認識があっても，すべてを故意犯とすべきではないということになるのです。結果の認識はあるけれども過失犯として処罰される場合を，**認識ある過失**とよびます。一方，「殺してやる」という意思がなく，また，確実に死ぬとの認識もないが，故意があるとしてよい場合があります。それを**未必の故意**とよびます。未必の故意と認識ある過失の区別が重要なのです。

4．どのような場合に未必の故意がある？

　未必の故意が認められるには，犯罪事実を認識し，それを<u>認容</u>する必要があるとされます（**認容説**）。認容とは，ナイフで刺した際などに，「人が死ぬ」という<u>犯罪事実</u>の実現があっても「かまわない」，「やむをえない」と思っているような場合です。逆に，そう思っていない場合が過失だということになります。たとえば，せまい路地で自動車を運転していた際，子どもが飛び出してきたらひいてしまうかもしないと思ったけれども，そんなことはありえないと思い，スピードをゆるめることなく走行させたところ，子どもが飛び出してきたため，ブレーキが間に合わずひいてしまったとすれば過失です。

5．腹を刃渡り15cmの包丁で強く突き刺すということ

　Case1 を考えてみましょう。Xは，「殺すつもりはなかった。痛めつけようとしただけだ」とのべていますが，腹部には重要な臓器があります。そのような箇所を刃渡り15cmもの包丁で2回も強く突き刺して

いることから，Xは，高い確率でAが死亡することを認識しつつ，そのまま行為に及んだとみることができます。故意が成立するためには，結果発生を望むことまでは不要であり，Xには「かまわない」という認容があったと考えてよいでしょう。殺人の故意が認められ，Xに殺人罪が成立することになります。このように，犯罪事実の実現の「認容」があるかどうかは，殺人罪では，凶器の種類やその使い方（突き刺したのか，切りつけたのかなど），被害者の損傷の部位（胸部，腹部，手足など）などから判断されるのです。**Case1** では，刃渡り15cmの包丁，2回強く突き刺したこと，腹部という点が重視されます。

6．構成要件該当事実の認識

　以上の問題は，「罪を犯す意思」における「意思」にかんすることでした。それでは，犯人が認識したり，認容すべき対象となる「罪」とは何でしょうか。それを「何らかの犯罪」と理解して，「何らかの犯罪を犯す認識」があれば故意があるとすることはできません。なぜならば，人を殺すことを内容とする殺人罪と，物を破壊することを内容とする器物損壊罪（261条）とを比較すればわかるように，犯罪ごとに条文が異なっており，行為や客体（行為の対象）も異なっているから，それらを区別することなく，ごちゃ混ぜに考えることはできないのです。行為や客体は，構成要件（☞総論第2話）ごとに区別されていますから，「罪」とは構成要件に該当する事実だということになります。そこから，故意とは**構成要件該当事実の認識**だということになるのです（すでにのべた通り，ここには認容も含まれます）。

7．意味の認識

　もっとも，故意とは構成要件該当事実の認識・認容ですが，より重要

なのは，その意味を認識していること（**意味の認識**）だとされています。たとえば，輸入する物質の化学薬品名は認識していたが，実はそれが覚醒剤であることは知らなかった場合，薬品名を知っているからといって，構成要件に該当する事実を認識している，つまり故意があるとしても，犯罪の予防にとってメリットのあることではありません。そこで，構成要件該当事実の意味や性質を認識していること，つまり，意味の認識が重要だとされるのです。ここでは，覚醒剤の意味・性質の認識が必要なのです。

8．事実の錯誤

　人はしばしば，かんちがいをします。自分の傘だと思ってよく似た他人の傘を持ち帰った場合や，狩猟に出かけた際，イノシシだと思って散弾銃を発砲したが，実はそれは一緒にきていた仲間だった場合などです。いずれも，「他人の物を盗む」，「人を殺す」という認識が欠けるため，故意犯である窃盗罪や殺人罪は成立しません。このような，構成要件に該当する事実にかんしてのかんちがいを，**事実の錯誤**とよびます。事実の錯誤がある場合は故意が否定されます（ただし，後述する具体的事実の錯誤や抽象的事実の錯誤で，故意が認められる場合があります）。

9. 狙いがはずれて別人が死んでしまった！

Case 2

暴力団員であるYは，日頃から恨みをいだいていた対立組織のBにガマンができなくなり，けん銃で射殺することを決意した。ある日の深夜，YはBの自宅前で待ち伏せていると，Bが1人で帰ってきたので絶好の機会だと考え，まわりに人がいないことを確認し，Bを狙ってけん銃を数発発砲した。しかし，弾ははずれ，Bがいた場所の後方にいた，その存在に気づいていなかったCにあたり，それによりCは死亡した。CはYの旧友であり，Cを殺すつもりはまったくなかったYは，あまりの不運をなげいた。

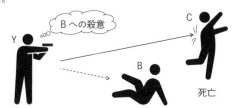

Bへの殺意

Y　B　C　死亡

　事実の錯誤のうち，同じ構成要件のなかで生じた錯誤を，**具体的事実の錯誤**とよびます。人を殺そうとして，別人を殺してしまったという**Case2**のように，殺人罪を実現しようとして，結果的に殺人罪にあたる事実を実現してしまったような場合です。

　Bにたいする殺人未遂罪はもちろん成立します。では，死亡したのはねらった人とは別人であるとの理由で，Cが死亡した点は過失となるのでしょうか？（そうであれば，過失致死罪か重過失致死罪となります）。それとも故意を認め，殺人罪の既遂犯が成立するのでしょうか？

10. 構成要件の重なり合い

　Yは，「人」を殺そうとして「人」を殺すことを実現しています。殺人罪の条文（☞15頁）をみると，「人」を殺すことが禁止されているのであって，Bだとかの特定のだれかを殺すことが禁止されているわけではありません。そこで，「人を殺そうとして人を殺した」として，故意を認めてよいと考えるのです。つまり，Yの認識は「殺人罪」，結果は「殺人罪」であり，認識と結果の構成要件が同じで，重なり合っているから故意を認めるのです。そうすると，YにはCにたいする殺人罪が成立します。この見解を，**法定的符合説**とよびます。「法定」とは構成要件のことであり，「符合」とは重なり合うという意味です。**Case2**のように，弾がはずれた場合のほか，Dだと思って撃ったら実は人違いであり，それはEだったという場合も，法定的符合説からは，死亡結果について故意が認められ，殺人罪の**既遂犯**が成立します。このように，事実の錯誤であっても**構成要件の重なり合い**があれば，例外的に既遂犯の故意が認められるのです。

11.「その人」と「あの人」は違う！

　もっとも，**Case2**でのCの死亡は過失だとする見解もあります。つまり，「その人」（B）を殺そうとしたのであって，「あの人」（C）を殺すつもりはなかったのです。「その人」と「あの人」のちがいは重要であって，認識と結果とが重なり合わないことから，「あの人」に対する殺人の故意はないと考えるのです。この見解を，対象をより具体的に特定する必要があるという意味で，**具体的符合説**とよびます。これにしたがえば，Bにたいする殺人未遂罪とCにたいする過失致死罪が成立します。判例は法定的符合説の立場ですが，具体的符合説の支持者もたくさんいます。

　なお，人違いの場合は，具体的符合説からも死亡結果について故意が認められます。というのも，「その人」を狙って「その人」が実際に死んでいるからです。

12. 飼犬を狙い人にあたる

Case
3

　Zは，買ったばかりの弓矢の威力を試そうと考えて，Fの飼犬を狙い矢を放ったところ，狙いがはずれてFにあたり，Fは死亡した。

　異なる構成要件にまたがって生じた錯誤を，**抽象的事実の錯誤**とよびます。この錯誤の場合，法定的符合説からも，通常，故意は否定されます。**Case3**では，他人の飼犬を殺すという器物損壊罪（261条）の故意（刑法上，犬は「物」となります）で殺人罪を実現しており，物と人とではまったく違うので，構成要件の重なり合いはなく，F死亡の結果に故意犯の成立を認めることはできないのです。「何らかの犯罪を犯す」という点では，認識も実現された事実も一致しますが，そのような考え方は，先（☞49頁）にものべたように，犯罪ごとの行為や客体を無視するものであって，許されません。「人」を殺す認識がなかった以上，38条1項の「罪を犯す意思」がなかったということになります。F死亡の点は，過失致死罪か重過失致死罪となります（器物損壊罪の未遂を処罰する規定はないので，飼犬を殺すのに失敗した点は，犯罪とはなりません）。

> 第261条（器物損壊等）
> 前3条〔258条・259条・260条〕に規定するもののほか，他人の物を損壊し，又は傷害した者は，3年以下の懲役又は30万円以下の罰金若しくは科料に処する。

13. 認識をこえた重い罪では処罰できません

> 第38条（故意）
> ②重い罪に当たるべき行為をしたのに，行為の時にその重い罪に当たることとなる事実を知らなかった者は，その重い罪によって処断することはできない。

　ただし，抽象的事実の錯誤でも，認識していたことと現実に起こった事実とが，構成要件のレベルで重なり合うとすれば，やはりここでも例外的に故意が認められます。たとえば，横領罪（252条）と，それに業務者という身分が加わった業務上横領罪（253条）のような関係です（☞各論第11話）。もっとも，38条2項があるので，業務上横領罪にあたる事実を実現したとしても，横領罪の認識しかなければ，軽い犯罪である横領罪の故意犯が成立するのにとどまります（☞もう一歩前へ）。

● もう一歩前へ

　抽象的事実の錯誤の問題でむずかしいのは，横領罪と業務上横領罪の関係とは異なり，一方の構成要件が他方の構成要件を完全につつみ込んでいない，言いかえれば，2つの構成要件が厳密には重なり合っていない場合です。たとえば，占有離脱物横領罪（遺失物等横領罪，254条）の故意で窃盗罪（235条）を実現してしまった場合です。

> 第235条（窃盗）
> 他人の財物を窃取した者は，窃盗の罪とし，10年以下の懲役又は50万円以下の罰金に処する。

> 第254条（遺失物等横領）
> 遺失物，漂流物その他占有を離れた他人の物を横領した者は，1年以下の懲役又は10万円以下の罰金若しくは科料に処する。

　占有離脱物横領罪は，落とし物などの，持ち主の占有（物を支配していること。☞**各論第8話**）を離れた物を自分のものにしてしまう犯罪であるのに対し，窃盗罪は持ち主などが占有している物を，その占有を排除して自分のものにしてしまう犯罪であり，占有の有無という点で，これらの犯罪は厳密には重なり合わないのです。しかし，大きな視点で見ると，他人の物を自分のものにしてしまうというところでは，2つの犯罪は共通します。その点で法定的符合説は重なり合いを認め，38条2項により，軽い罪である占有離脱物横領罪の故意犯が認められることになります。このような重なり合いは，規制する法律が異なる，麻薬と覚醒剤のあいだでも認められています。

第 7 話

過失犯　"不注意"が犯罪となるのはどんなとき?

1. 注意一秒，前科一生！?

20歳の大学生Xは，イヤホンをして音楽を聴きながら，左手でスマートフォンを操作し，右手には飲み物のカップを持った状態で，電動アシスト自転車で走行していて，前を歩いていた80歳の女性Aに気づかず衝突して死亡させた。

　Xは，不注意な自転車の運転によって事故を起こし，Aを死亡させています。これをみて，「Aが死んでいるのだから，Xは厳しく処罰されて当然だ！」と思った方も少なくないかもしれませんね。しかし，刑法を学ぶ際には，そのような結果の重大性だけにとらわれた意見には，「待った！」という必要があります。

　では，このように，わざとではなく，不注意から重大な結果が起きてしまった場合に，刑法は，何を根拠として，その人を処罰しているのでしょうか。ここでは，過失犯の問題について考えていきましょう。

2. 過失犯処罰は「例外」

　犯罪というのは，原則として，「故意」に，すなわち，「わざと」なされた行為でなければなりません（☞総論第6話）。しかし，38条1項ただし書には，「ただし，法律に特別の規定がある場合は，この限りでない」とあります。つまり，38条1項は，「原則として，故意になされた行為でなければ犯罪とはなりませんよ。でも，例外として，『法律に特別の規定がある場合』には，故意になされた行為でなくても犯罪となることがありますよ」ということを規定しているのです。この，「法律に特

別の規定がある場合」として問題となるのが，「**過失**により」なされた行為です。

　たとえば，殺人罪の規定をみてみましょう。199条は，「人を殺した者は，死刑又は無期若しくは5年以上の懲役に処する」と規定しています。この規定は，38条1項本文の故意犯処罰の原則によって，「"故意に"人を殺した者は，死刑又は無期若しくは5年以上の懲役に処する」と読む必要があります。このことから，199条で殺人罪として処罰されるのは，「わざと」人を殺した場合にかぎられることになります。

　しかし，人を殺した場合については，38条1項ただし書のいう「**特別の規定**」があることに注意しなければなりません。210条には**過失致死罪**の規定があり，「**過失**により人を死亡させた者は，50万円以下の罰金に処する」とされています。この「特別の規定」があるために，人を殺した場合には，例外的に，それが故意によるものではなく，過失によるものであっても，処罰の対象となるのです。

3. 過失犯の種類

　過失による行為が処罰の対象となる場合は，決して多くはありません。刑法典に規定されているのは，失火罪（116条），過失激発物破裂罪（117条2項），業務上失火等罪（117条の2），過失建造物等浸害罪（122条），過失往来危険罪（129条），過失傷害罪（209条），過失致死罪（210条），業務上過失致死傷等罪（211条）の8つだけです。

　なお，過失犯が処罰されるのは，あくまでも故意犯処罰の原則の「例外」なので，それにたいする刑罰は，原則としては罰金で（116条・117条2項・122条・129条1項・209条・210条），例外的に，禁錮や（117条の2・129条2項・211条），懲役もある（211条），というふうに，故意犯の場合とくらべて，軽いものとなっています。

4. 過失犯と責任主義

たとえば，①殺意をもってわざと車で1人の人をひき殺した運転者A，②不注意な運転によって5人の通行人を交通事故で死なせてしまった運転者B，③不幸にも突然の地震によって起きた列車の脱線事故によって100人以上の人を死なせてしまった運転士C，この3人のうち，みなさんは，だれをいちばん重く処罰すべきだと思いますか？

被害者の数という客観面にだけ注目すれば，「C＞B＞A」と考えられるかもしれません。しかし，加害者の認識という主観面に注目すれば，Aは「わざと」，Bは「不注意で」，Cは「不幸にも」事故を起こしているわけですから，行為者にたいする非難の度合いでいえば，「A＞B＞C」と考えられますよね。Cにいたっては，処罰すべきといえるかどうかも疑わしいといえるでしょう。

このように，刑法では，結果の重大性だけでなく，行為者の主観面もふくめた行為を「けしからん」と非難できるかどうかが重要となります。このことを重視する考え方を，**責任主義**（☞総論第9話）といい，これは，罪刑法定主義（☞総論第1話）とならんで，刑法の基本原則のひとつとされています。それゆえ，過失犯として処罰されるのは，刑罰を科するに値するだけの**過失**があるといえる場合にかぎられるのです。

5. 注意義務違反としての過失

では，刑罰を科するに値するだけの**過失**があるといえるのは，どのような場合でしょうか。

一般的に，過失とは，**注意義務違反**だとされています。つまり，よくない結果が起こらないよう，十分に注意する必要があったのに，それをしなかったことによって，よくない結果を発生させてしまったことが過失だとされているのです。

　では，ここでいう**注意義務**とは，どのようなものなのでしょうか。一般的に，注意義務とは，**結果予見義務**と**結果回避義務**からなるとされています。**結果予見義務**とは，「こういうことをしたらどうなるか，まずは結果を予測しなさい」ということです。**結果回避義務**とは，「そのような結果を予測したならば，そうならないための努力をしなさい」ということです。つまり，注意義務違反とは，「予測すべきことを予測せず，回避すべきことを回避しなかったこと」だといえます。このような行為こそが過失なのです。

　もっとも，そのような結果を予測しなければならないとしたら，前提として，そのような結果がそもそも予測できるものでなければなりません。これを結果の**予見可能性**といいます。また，その予測された結果が発生することを避けなければならないとしたら，前提として，そのような結果がそもそも避けることのできるものでなければなりません。これを**結果回避可能性**といいます。

　このように，過失犯は，結果の予見可能性があったのに結果予見義務をつくさず，また，結果回避可能性があったのに結果回避義務をつくさなかったために，結果が発生してしまった場合に成立するものなのです。

6. Case1 へのあてはめ

　では，ここで，**冒頭**の Case1 について考えてみましょう。Xは，イヤホンをして音楽を聴きながら，左手でスマートフォンを操作し，右手には飲み物のカップを持った状態で，電動アシスト自転車で走行していて，前を歩いていたAに気づかずに衝突するという，きわめて不注意な行為によって，Aを死亡させています。この場合，**重過失致死罪**（211条後段）の成否が問題となります。

　すでにみたとおり，過失犯は，その結果を予見できたのに予見せず，

また，その結果を回避できたのに回避しなかったために，その結果が発生してしまった場合に成立するものです。とりわけ，わずかな注意を払うことで注意義務をつくすことができたのに，これをおこたった場合には，その行為は**重過失**と評価されます。

Xは，自転車で路上を走行する以上，歩行者やほかの走行車両などとの事故が起こりうることを予測して，事故の発生を回避するため，安全運転を心がける必要があったはずです。Xには，Aの存在に気づきようがなかったとか，事故を避けようがなかったといった事情も，とくにありません。それにもかかわらず，電動アシスト自転車という通常の自転車以上に走行時に注意が必要な乗り物で，イヤホンをして音楽を聴いていたことで，注意力散漫となり，左手でスマートフォンを操作していたことで，前方を十分に注視しておらず，右手に飲み物のカップを持っていたことで，とっさにブレーキをかけられない状態で走行していたのですから，Xには重大な注意義務違反があったといえます。

そのような重大な過失行為によってAを死亡させた以上，Xには重過失致死罪が成立する，と判断されることになるでしょう。

7.「信頼の原則」という特別な理論

Case1のXが，そのような不注意な状態で自転車で走行していて，青信号の交差点に進入したところ，それと交差する道路の赤信号を無視して，Bの運転するロードバイクが猛スピードで交差点に進入してきて，Xの自転車に衝突して転倒し，その結果，Bが死亡した。

この場合も，生じた結果に注目すると，Xは交通事故の加害者で，Bはその被害者ということになりそうです。たしかに，Xに重大な落ち度があったことは否定できません。しかし，赤信号を無視して猛スピード

で交差点に進入してきた B の行為にも問題があります。

このように、「あっちは赤信号なのだから、こっちがそのまま直進しても、当然、あっちが止まるはずだ」と、被害者あるいは第三者が適切な行動をすることを行為者が信頼してよい場合には、発生した結果にたいして行為者は責任を負わない、とする、**「信頼の原則」**という特別な理論が、刑法では認められています。この理論によれば、X には、あえて交通ルールに違反する B がいることまでをも予想して、事故の発生を未然に防止すべき注意義務はないことになります。

なお、信頼の原則は、交通事故のような加害者と被害者の間だけでなく、チーム医療のような分業体制においても、その適用が認められています。たとえば、外科医師 X が、消毒のされていないメスを使って患者 A に手術してしまい、A に細菌感染による傷害を負わせたが、それは、手術の補助をする看護師 Y が、誤って消毒のされていないメスを X に手渡したからであった、という場合、X は、Y が当然消毒済みのメスを渡してくれるものと信頼して手術したわけですから、過失を問われないことになるのです。

● **もう一歩前へ①**

刑法上の過失には、通常の過失（単純過失）や、本文でも紹介した重過失のほかに、**業務上過失**というものがあります（211条前段）。これは、業務上必要な注意をおこたることをいい、重過失と同じように、通常の過失よりも重い刑罰が科せられます。

ここにいう**業務**とは、「人が社会生活上の地位に基づいて反覆継続して行う行為であって、かつ、他人の生命身体等に危害を加えるおそれのあるもの」をいうとされています。たとえば、趣味でおこなう狩猟は、狩猟免許をもっているという社会生活上の地位にもとづいて、繰り返し継続的に行われる行為で

あって，かつ，猟銃などを使うことから，他人の生命・身体等に危害を加えるおそれのあるものなので，ここにいう業務に含まれます。このように，業務とは，必ずしも「職業」とイコールのものではないということにご注意ください。

● もう一歩前へ②

　過失による犯罪行為として，もっとも発生件数が多く，かつ，もっとも重要なのは，交通事故です。自動車による交通事故が原因となって人の死傷結果が発生した場合には，かつては**業務上過失致死傷罪**（211条前段）が適用されていました。しかし，悪質な自動車の運転による悲惨な死傷事故が多く発生したことが大きな社会問題となり，交通事故の被害者や遺族の要望を受ける形で，2001（平成13）年に**危険運転致死傷罪**（当時の刑法208条の2）が，また，2007（平成19）年に**自動車運転過失致死傷罪**（当時の刑法211条2項）が設けられ，過失による自動車事故が原因となって人の死傷結果が発生した場合には，自動車運転過失致死傷罪が適用され，より重い刑罰が科せられるようになりました。2013（平成25）年には，これらの規定が刑法典から独立する形で「**自動車の運転により人を死傷させる行為等の処罰に関する法律**」という特別法が成立し，今日では，過失による自動車事故が原因となって人の死傷結果が発生した場合には，同法5条の**過失運転致死傷罪**が適用されています。

第 **8** 話
正当防衛　夜道で突然襲われたら？

あなたが夜道を歩いていると……

Case 1

午後9時ごろ，あなたが家の近くを歩いていたら，知らない人がなぐりかかってきました。そこで，あなたは自分の身を守るために，その人の顔をなぐったところ，ケガをさせてしまいました。

1．正当防衛は犯罪ではない！

　第8話のテーマは正当防衛です。これまで法律に関心がうすかった人も，正当防衛という言葉は，どこかで聞いたことくらいはあるのではないでしょうか。Case1のように，道を歩いていたら突然なぐりかかられたので自分の身を守るためになぐり返したという場合が，わかりやすい事例です。この場合，あなたが人をなぐってケガをさせたことは，正当防衛だから犯罪にはなりません。

2．正当防衛の条文をみてみよう！

　第36条（正当防衛）
　①急迫不正の侵害に対して，自己又は他人の権利を防衛するため，やむを得ずにした行為は，罰しない。

　これが正当防衛の条文です。これを読んで，どのような感想をもったでしょうか。多少かたい言葉で書かれていますが，なんとなく，おおまかな意味はわかるかもしれませんね。ただ，あっさりしすぎていて，つかみどころがない，どんな場合に正当防衛になり，ならないのかという

線引きがわからない，そんな感想をもたれた方もおられることでしょう。そうした感想は，ごもっともなことです。そもそも，刑法の条文の多くは書かれ方がおおざっぱなのです。正当防衛についても，結局は，この条文がどのように理解され使われているのかを学ぶことが必要になります。

3.「不正の侵害」とは？

あなたは，友人から「1週間前に飲み屋でAという人とトラブルになったんだけど，昨日電話がかかってきて，『明日の晩，ボコボコにしてやるから，家で待っていろ』と，おどされたんだ。今晩，襲いにきそうなんだけど，どうしたらいいかな」と相談されました。あなたなら，どのようにアドバイスしますか。

　条文に書いてあるように，正当防衛は「不正の侵害」に対しておこなわれるものです。「不正の侵害」とはどんなものか，だいたい想像はつくでしょうか。わかりやすい例でいうと，人に危害を加えるような行為，つまり殺人罪（199条）や傷害罪（204条）といった犯罪にあたるような行為のことです。もちろん，友人をボコボコにすることは，「不正な侵害」にあたります。

4. どの時点で正当防衛に出ることが許されるか？

　では，攻撃は最大の防御ともいうし，早いにこしたことはないと考えて，こちらからAの家に出向いて，いきなりAをぶんなぐることは正当防衛でしょうか。いくらなんでもこれは早すぎるでしょうか。あるいは，Aが今晩，友人のところにやってきて，実際に手を出すまで正当防衛できないのでは，と考える人もいるかもしれませんね。どの時点で，

正当防衛を行うことが許されるのでしょうか。

　この問題を解く上でカギになるのが，「不正の侵害」の前にくっついている「急迫」という言葉です。ふだん目にしない言葉ですね。

5.「急迫」とは？

　「急」は「救急車」の「急」，「急ぐ」とか「緊急」といった言葉の中で使われる漢字ですね。これに対して，「迫」は，「迫力」の「迫」ですが（「追加」の「追」と区別してくださいね！），あるいは「緊迫した試合」といった言い回しを聞いたこともあるのではないでしょうか。この「迫」という漢字は「迫る」とも使われるように，近づく，おいつめる，という意味を表します。これらをふまえた上で，36条の「急迫」という語が，刑法の教科書でどのように説明されているのかというと，とりわけ「迫」という漢字が表すように，相手の攻撃がすでにはじまっている状態だけでなく，攻撃が**間近に押しせまっている**状態をも含むと考えられています。

6.「間近に押しせまっている」とは？

　「間近に押しせまっている」と言われても，なんとなくしかわからないかもしれませんね。要するに，「すぐそこまで近づいている」という意味です。このように不正の侵害は，少なくとも，間近に押しせまっている（すぐそこまで近づいている）状態になければならない。それより前の時点で，正当防衛をおこなうことは許されないのです。

　もっとも，「間近に押しせまっている」とは，実際のところ，どのくらいのレベルのことをいうのか，はっきりしないところもありますね。「急迫」という言葉をながめていても，答えは出てきそうにありません。

7. 実際の裁判ではどのように扱われているか?

　それでは,実際の裁判で,この「急迫」という語は,どのように扱われているのでしょうか。最初にざっくりいいますと,裁判所は,「間近に押しせまっている」という状態を,かんたんには認めてくれません。

　まず,Aが友人をボコボコにしようと決意して自宅で出かける用意をしているだけでは,不正の侵害が「間近に押しせまっている」とは認められません。では,Aが自宅を出て,友人の家に向かって歩き出したらどうかというと,これでも,まだ認められないです。Aが友人の家から500メートルほどのところまで来たらどうか。じつは,これでも,ふつうは不正の侵害が「間近に押しせまっている」とはされないんですね。

　だから,もし,これらの段階で,あなたと友人がまちぶせして,暗い場所でAのスキをみてなぐりつけたりすると,正当防衛どころか暴行罪(208条)や傷害罪に問われてしまいます。もっと近づいた状態にならないと,「不正の侵害」が「急迫」しているとはいえないというわけです。

8. 正当防衛は簡単には認められない!

　やがてAが友人の家の前までやってきて,コンビニに行くために家から出てきた友人と,にらみあうような状態になったとします。ここまで来れば,さすがにAによる不正の侵害が「間近に押しせまっている」といえるのではないか,そう考える人もおられることでしょう。しかしながら,このような状況ですら,友人が先に手を出した場合,裁判で正当防衛が認められるかと問われると,「場合による」としか答えられないんですね。

9. では，どのような場合に認められるのか？

　たとえば，Aが怒りにみちた表情で，両手をグーにしてコブシを作り，興奮して体をふるわせながら友人にゆっくり近づきはじめた，もはや話し合ってどうこうなるレベルではない。こういう状況であれば，Aによる不正の侵害が「間近に押しせまっている」と認められやすいのではないかと思います。これに対して，Aが友人に，「おい，この前の居酒屋での態度は何だ！　ボコボコにしてやろうか！」と大声で怒鳴ったものの，いますぐなぐりはじめそうな雰囲気ではなさそうだ，友人が言い返して，口げんかがエスカレートすれば，Aは手を出してくるかもしれないけど……。これは，けんかでよくありがちなシーンですが，このくらいの状況であれば，Aの不正の侵害が「間近に押しせまっている」とは，なかなか認められないと思われます。

10. 正当防衛が簡単に認められないのはなぜか？

　ここまで読んでくださった方の中には，実際の裁判では，正当防衛ってなかなか認められないんだな……。相手が悪いのに，きびしすぎるんじゃないか。このような気持ちになった人もおられることでしょう。正当防衛を認めることについて，これほどまでに慎重な理由は，どこにあるのでしょうか。

　その理由を一言でいえば，私たちが平和で安全な生活を送るためです。人間は，体を動かし，道具を使って，他人を傷つける力をもっています。そうした力を使って，人の土地や物を奪う。ときには命さえ奪う。また，そうされないように，力づくで対抗する。武器を用意して，いざというときにそなえる。これまで，人間はそんなことをくりかえしてきました。しかし，いつまでもそんなことをくりかえしていたら，疲れてきます。自分もいつ殺されるか分かりませんから，夜もゆっくり眠

れません。

　そこで，私たちは，平和で安全な生活を送ることができるようにするために，みんながもっている暴力を国家にあずけて独占させ，ふつうの人が勝手に暴力をふるうのはやめることをルール化したのです。こうしたルールを破る人が出た場合にそなえ，暴力をあずけられた国家は，警察を組織し，みんなの安全を守る。いまの日本の社会は，おおよそ，こうしたしくみになっているのです。

11. 正当防衛は例外的に許されるものである！

　でも，警察も完璧ではありません。家にいたら，とつぜん強盗が入ってきたという場合，110番通報しても，すぐに警察官はきてくれません。スマートフォンが手元になくて，すみやかに通報できない。そんな場合もあるでしょう。そうした場合にまで，暴力をもちいて自分の身を守ることを禁止したのでは，平和で安全な生活を送ることが，かえって，むずかしくなります。そこで，警察の保護が間に合わない場合にかぎって，ふつうの人が，国家にあずけていた暴力を使うことを許すことにしました。それが正当防衛なのです。

　つまり，正当防衛は，このように例外的で限定的なものにすぎません。もう一度いいますが，ふつうの人は暴力をもちいてはならないというのが大原則です。正当防衛が簡単には認められない理由は，こんなところにあるのです。

12. 何でもやってよいわけではない！

　このように，日本社会では，正当防衛は例外的に認められるものにすぎず，「悪いヤツをやっつける」ためのものではありません。こうした背景から，正当防衛は，ひかえめに，慎重に行うことが求められます。

このことは, 条文で反撃行為が「やむを得ずにした行為」といえなければならないとされている点にもあらわれています。「やむを得ずにした行為」とは, 反撃行為が防衛手段として必要最小限度のものであること, つまり防衛手段として相当性を有するものであることを意味すると考えられています。

ただ, このように「必要最小限度」とか「相当性」とかいわれても, 何のことかさっぱりかもしれませんね。おおまかに説明しますと, いくら相手が悪いからといっても, 行き過ぎた反撃, やりすぎはいけないということです。

どのような場合に「行き過ぎ」,「やりすぎ」となるかについては, こまかい議論もあるところであり, 実際の裁判で, 判断がむずしいケースもみられるところです。ただ, こまかい議論はおいて, ひとまず, ここでおぼえておいてほしいことは, 包丁やナイフなどの刃物を使うことには, 慎重になるべきだということです。とくに, 素手でなぐりかかってきた相手にたいして, いきなり包丁で胸や腹を突き刺すことは, 多くの場合,「行き過ぎ」,「やりすぎ」だと判断され, 正当防衛は認められないことになります。

13. やりすぎた場合はどうなるか?

「行き過ぎ」,「やりすぎ」の反撃のことを過剰防衛といいます。正当防衛は犯罪ではないですが, 過剰防衛は犯罪です。ただし, おそわれた人が恐怖などから, 反撃をやりすぎてしまうことは仕方がない面もあることから, 36条2項で,「防衛の程度を超えた行為は, 情状により, その刑を減軽し, 又は免除することができる」とされています。ただ, あくまでも刑の減軽や免除ができる, つまり可能であるにすぎず, 絶対にしなければならないものでもありません。ケースに応じて, 裁判官が, 刑を減軽または免除するかどうかを決定することになります。

14. なるべく手を出さなくても済むようにしよう！

Case2 で，あなたは友人にどのようにアドバイスしたらよいのでしょうか。A が自宅の前にやってきて，いよいよ手を出しそうになったら，A の顔面をなぐれ。それまでは手を出すな。そんなアドバイスをしようと考えた人もいるかもしれません。しかし，よりよいのは，早い段階で，一度警察に相談するようアドバイスすることですね。

コラム①　違法性阻却事由について整理しよう！

1　違法性阻却事由とは

　総論第8話でみたように，あなたが自分の身を守る目的から，突然おそいかかってきた人をなぐってケガをさせたという場合，正当防衛が成立するため犯罪とはなりません。これを総論第2話で学んだ犯罪論体系に沿って説明すると，人をなぐってケガをさせることは，傷害罪の構成要件に該当する行為ですが（☞各論第2話），正当防衛という特別の理由から違法性が否定され，犯罪の成立が否定される，ということになります。こうした違法性を否定する特別の理由のことを，**違法性阻却事由**といいます。

　正当防衛（36条）以外にも違法性阻却事由はあります。刑法に定められているものとして，**正当行為**（35条），**緊急避難**（37条）があげられます。さらに，条文には書かれていない**超法規的違法性阻却事由**とよばれるものもあります（**被害者の同意**など）。

2　緊急避難とは？

第37条（緊急避難）
①自己又は他人の生命，身体，自由又は財産に対する現在の危難を避けるため，やむを得ずにした行為は，これによって生じた害が避けようとした害の程度を超えなかった場合に限り，罰しない。（以下略）

　まず，緊急避難からみていきましょう。たとえば，マンションの部屋が火事になって逃げ場を失ったため，あなたが，となりの部屋のベランダに入って避難したという場合，（ベランダに入っただけでも）住居侵入罪（130条前段）の構成要件に該当する行為ですが（☞各論第7話），緊急避難が成立して違法性が阻却されるため，犯罪にはなりません。

　正当防衛との違いは，何も悪いことをやっていない人を犠牲にして，

自分の身を守るという点です。正当防衛は不正な侵害者に対する反撃ですが，隣の住民は，放火したわけでもなく，たまたま隣に住んでいたにすぎません。しかし，生きるか死ぬかが問題となっているような場面では，隣のベランダに入ることくらいは許してあげてよいのではないか，というのが普通の感覚ではないかと思います。

　とはいえ，悪くない人を犠牲にするのが緊急避難ですから，正当防衛とくらべると，緊急避難が許される範囲はせまくなっています。たとえば，「**やむを得ずにした行為**」という文言は，正当防衛を定めた 36 条1 項のそれとはことなり，よりおだやかな手段が他にないことを意味すると考えられています（**補充性**の要件）。さらに，「生じた害が避けようとした害の程度を超えなかった場合に限り」という，正当防衛の条文にはみられない要件がプラスされています（**害の均衡**の要件）。

3　正当行為とは？

> 第 35 条（正当行為）
> 法令又は正当な業務による行為は，罰しない。

　条文に書かれているとおり，正当行為には，**法令行為**と**正当業務行為**があります。法令行為とは，法律などによって許されたり，命じられている行為のことです。たとえば，刑事訴訟法 213 条に定められている現行犯逮捕が挙げられます。逮捕は，逮捕罪（220 条）の構成要件に該当します（☞**各論第 3 話**）。つまり原則として犯罪ですが，現行犯逮捕は例外的に法令行為として違法性が阻却されるのです。その他，死刑の執行（11 条）などがあげられます。

　正当業務行為の例として，医療行為，スポーツ行為があげられます。具体的には，手術やボクシングは，傷害罪（204 条）や暴行罪（208 条）の構成要件に該当する行為ですが（☞**各論第 2 話**），決まり事を守って行われるかぎりで，正当業務行為として違法性が阻却されるのです。

第9話
責任能力　悪いことをしているのに処罰できない？

1. 刑法の大原則・責任主義

　犯罪というためには，行為が構成要件にあてはまり，正当防衛などの違法性阻却事由が存在しないだけでは足りません。**責任**が認められてはじめて犯罪となります（☞**総論第2話**）。世の中にとって好ましくない事態（人の死亡など）が生じても，責任が認められなければ処罰されることはありません。たとえば，異常な精神状態におちいっていたため，物事の善悪が理解できず，自分の行動をコントロールできなくなってしまった者が，人を死にいたらしめたとしても，責任が欠けることから，犯罪とはならないのです。責任がなければ処罰できないことを，**責任主義**とよびます。責任主義には，犯罪の成立には少なくとも故意・過失が必要であるという意味や，犯罪が成立する場合でも，刑罰の量は犯罪に見合った重さを超えて科してはならないという意味もあります。

2. 責任とは？

Case 1　人の生命の意味をまったく理解していない5歳の幼児が，1歳の乳児の首を絞めたため，乳児は死んでしまった。

　どのような場合に責任があるといえるのでしょうか。犯罪にあたる行為に出ることを，思いとどまることが不可能だったとすれば，その人を責めることはできません。いろいろな選択肢のなかから，他の適法な行為を選択することが可能であったにもかかわらず，あえて犯罪にあたる行為を選択したからこそ，その人をけしからんと**非難**することができるのです。つまり，責任があるというためには，他の行為が可能であった

こと，**他行為可能性**が必要だということになります。そして，他行為可能性があるからこそ非難することが可能となるのですから，責任とは**非難可能性**だということができます。

　なぜ，責任に非難可能性が必要なのでしょうか？　まず第1に，刑罰は，人の死傷などの侵害結果が発生したこと自体に対する復讐や報復として科されるのではなく，いろいろな選択肢のなかから，あえて犯罪を選択した点を理由に科されるからです。他の選択肢がない者を処罰することは，できないことを要求することになってしまうので許されません。また，非難できなければ，つまり，他行為可能性がなければ，処罰しても刑罰の効果が認められないからです。行為のさいに，他の行為を選択できなかったとすれば，処罰しても，できないことをなぜやらなかったと批判していることになって，その人は運が悪かったと思うだけで，反省することはないでしょう。

3．刑法で処罰できる年齢

　Case1を考えてみましょう。生命の意味がまったく分からない5歳の幼児は，物事の善悪をまったく理解していないといえるでしょう。乳児の首を絞めないという選択肢は，いちおうは幼児にも存在しているかにみえます。もっとも，意味がまったく分からないのであれば，他の適法な行為と区別がつかず，あえて犯罪である行為を選択したとはいえません。その行為が犯罪だとわからないということは，現実的には他の行為を選択することができなかったことを意味するのであり，責められないのです。

　41条では，14歳未満の者を一律に処罰しないとしています。それは物事の善悪を理解し，その理解にしたがって行動する能力がないと考えられているからです。それゆえ，刑法は，そのような年齢の者は，他行為可能性が欠けると考えて，責任がないとするのです（ただし，12歳

ぐらいになると，そのような能力はあると考えられていますが，少年保護の観点から，刑罰よりも教育の方が効果的だとして，14歳を区切りにしています）。

4. 責任で問題となるもの──責任阻却事由

責任において問題となるのは，**責任能力，違法性の意識の可能性，適法行為の期待可能性**とよばれる**責任阻却事由**です（また，故意・過失も一般的には責任の問題だとされます）。これらの存在が否定されれば，他行為可能性がなかったとして責任が欠け，犯罪は不成立となるのです。責任能力と適法行為の期待可能性はすぐあとで，違法性の意識の可能性については**総論第10話**で説明します。

5. 適法行為の期待可能性

適法行為の期待可能性とは，故意・過失があったとしても，適法な行為を選択することが期待できない場合は，その者を非難できず，責任が欠けるとする考えです（条文上は規定がありません）。たとえば，社会保障の充実した今日ではおよそ考えられませんが，お金がなく他にも手段がまったくなかったため空腹に耐えかねて食べ物を盗んだというような場合です。

最高裁判所は，実際にこの理論を使って被告人を無罪にしたことはありませんが，高等裁判所の裁判例のなかには，期待可能性がないことを理由に無罪とした事例があります。また，犯人蔵匿罪（103条）や証拠隠滅罪（104条）では，犯人自身が逃げたり，犯人自身の犯罪の証拠を隠滅したりすることが処罰の対象となっていませんが（☞**各論第14話**），それは期待可能性が欠けるため，非難できないからだと考えられています。このように，期待可能性の理論の趣旨は，刑法のなかでいくつかみ

られます。

6. 責任能力

> 精神の障害を患っていた X は，病状を急激に悪化させ，幻聴や妄想をいだくようになっていた。ある日，些細なことから母親 A と口論になったが，その際，X は，「お前以外は悪魔だよ，とにかく全員殺せ」という幻聴や妄想に完全に支配されていたため，A を殺そうと考えて，台所にあった包丁で A の腹を突き刺した。それにより A は失血死した。その後，X は，「お前は神だ」との幻聴から自身を神であると妄想するとともに，「人を殺せ」という幻聴に完全に支配され，自宅を飛び出し，通行人 B や C を包丁で切り付けて重傷を負わせた。
>
> なお，X は，精神の障害を患う前は粗暴的 *1 な性格ではなく，暴力をふるうこともなかった。

*1　用語：粗暴とは乱暴で乱雑という意味です。

　X の行為は殺人罪（199 条）の構成要件に該当し，違法ですが，精神の障害を患っていたため，X に責任能力があるのかが問題となります。先に述べたように，責任が認められるには他行為可能性（☞2）が必要ですから，行為の際に，ほかの行為を選択できたといえなければ，どんなに悲惨な結果が発生したとしても，犯罪として処罰することはできません。

　では，責任能力はどのように判断されるのでしょうか。39 条を確認してみましょう。

　第 39 条（心神喪失及び心神耗弱）

> ①心神喪失者の行為は、罰しない。
> ②心神耗弱者の行為は、その刑を減軽する。

　1項の**心神喪失**とは、精神の障害により、行為の善悪を理解する能力、または、この理解にしたがって自身の行動をコントロールする能力がない場合であり、いずれかの能力が欠ければ**責任無能力**として責任が否定され、犯罪不成立となります。行動をコントロールする能力がないとは、行動に出ることをおさえられない状態を指します。行為の善悪を理解する能力のことを**弁識能力**、理解にしたがって行動をコントロールする能力のことを**制御能力**とよんでいます。たとえば、精神疾患により、自分のおこなう犯罪が違法であると分からない場合は、弁識能力がないということになり、違法であるとは分かっていても欲求や衝動をおさえることができない状態にあった場合は、制御能力がないということになります。

　2項の**心神耗弱**は、精神の障害により、弁識能力、制御能力のいずれかの能力が著しく減退している場合であり、**限定責任能力**として責任は肯定され、犯罪は成立することになりますが、必ず刑が減軽されます。著しく減退しているとは、すぐあとに述べますが、精神疾患の影響を著しく受けているが、なおもともとの人格による判断で犯罪を犯したといえるような場合を指します。

7. 最終的な判断は裁判所

　責任能力の有無は、精神医学に頼る部分が大きく、精神科医の精神鑑定が重要になってきます。しかし、心神喪失や心神耗弱は、法的概念であり法律判断の問題ですから、かりに鑑定が心神喪失だとしていても、裁判所が心神耗弱と判断したり、あるいは完全に責任能力があると判断することも許されます。最終的な判断は、裁判所がするのです。ただし、そうだとしても、鑑定の資料に不備があったり、鑑定の内容に矛

盾があるなどの合理的な事情がないかぎり，鑑定の意見は十分に尊重されるべきだといえます。

　責任能力の有無の具体的な判断方法ですが，疾病の種類や病状，犯行の動機（了解可能性），計画性，犯行前後の行動，発症前の被告人の性格等を総合考慮して，弁識能力・制御能力の有無が判断されることになります。また，最近では，刑事裁判に参加する市民（裁判員）への説明を念頭に，司法研修所の示すところでは，精神の障害のためにその犯罪をおこなったのか，それとも，もともとの人格にもとづく判断によりおこなったのかによって決定すべきだと考えられています。幻覚妄想に直接支配されていれば精神の障害によりなされたといえ，もともとの人格にもとづいて犯行がなされたのであれば，精神の障害の影響は弱いとみることができるのです。

8．「お前以外は悪魔だよ」「全員殺せ」「お前は神だ」

　Case2を考えてみましょう。Xは病状を急激に悪化させ，幻聴や妄想に完全に支配されるにいたっています。また，精神の障害を患う前は粗暴的な性格ではなかったという事実もありました。そうすると，精神の障害の圧倒的な影響により犯行がおこなわれ，もともとの人格が犯したのではないとみることができるでしょう。「お前以外は悪魔だよ」などの幻聴や妄想に完全に支配されていたとすれば，物事の善悪を理解することができず，また，自身をコントロールして違法な行動に出ることをおさえることもできなかった，と考えられるのです。Xは，ほかの適法な行為を選択できる可能性はなかったのであり，心神喪失として責任能力が否定され，責任が欠けるということになります。

　無関係の通行人にまで重傷を負わせているにもかかわらず犯罪が成立しないとの結論は，みなさんは納得がいかないかもしれません。たしかに，Xの行為は社会にとって非常に好ましくないものです。しかし，他

行為可能性が欠ける以上，非難できないのです。ただし，責任がないので刑罰を科すことはできませんが，心神喪失者等医療観察法により，裁判所は，治療の必要があると判断した場合は，Xを強制的に入院させたり通院させたりすることが可能です。

　責任能力の有無は，統合失調症や躁うつ病，飲酒による酩酊，覚醒剤等の薬物中毒において問題となります。

9. 原因において自由な行為

　以上のように，犯罪の成立には責任が必要ですが，1つ困った事態も生じます。自分自身を何らかの方法で責任がない状態にしたうえで犯罪を実行した場合でも，犯罪実行時に心神喪失であったとすれば，処罰できないのではないか，という問題です。

Case 3

Yは，酒を大量に飲むと酔って暴れる癖をもっており，過去にも酔っぱらって他人に暴行を加え，警察のお世話になったことがあった。

Yは，かねてからDに恨みをいだいており，痛めつけてやる計画を立てたが，Yには気が弱いところがあったので，酒を浴びるほど飲めば気が大きくなって暴力的になり，その勢いでDをボコボコにすることができるのではないかと考えた。そこでYは，大量の酒を飲み，その後，Dのもとへ向かった。

Dのもとにやって来た頃，Yは異常な酩酊状態にあり，はげしく興奮し意識障害をともなっていた。Yは，そのような状態で，Dをグーパンチで強く殴打し続け，その結果，Dは死亡した。なお，Dを殴打し始めた頃，すでにYは心神喪失状態にあった。

　行為をおこなうさいに責任能力がなければ罪に問えないとするのが刑法の原則です。しかし，Yのように，責任能力のない状態をみずからま

ねき，それを利用して犯罪にあたる行為をしたにもかかわらず，責任がないから処罰できないとすれば，理不尽だと感じるのではないでしょうか。そこで，実際に暴行を加えた時点では責任能力がないから，他の適法な行為を選択する「自由」はなかったといえますが，暴行を加えようと考えて大量の飲酒をしたという原因となる行為の時点では，完全に責任能力があり，他の適法な行為を選択することができた，つまり，「自由」があったといえるので，39条の適用は否定すべきだと考えられています。このような考えを，**原因において自由な行為**の理論とよんでおり，判例も採用しています。これに従えば，Yには39条は適用されず，**傷害致死罪**（205条）が成立することになります（Yには飲酒時に殺人の故意は認められませんので，殺人罪に問うことはできません）。ただし，39条を適用しないという結論が，どのような理屈で可能となるのか，理由づけが問題となります（☞**もう一歩前へ**）。

● **もう一歩前へ**

原因において自由な行為の理論において，39条の適用を否定する1つの見解は，飲酒行為を，暴行時における責任のない自分自身を道具として利用するための行為ととらえ，責任がまだ存在する飲酒行為自体を理由に，処罰するというものです。これは，Eを殺害するため，毒入りの菓子を，事情を知らない第三者に届けさせ，受け取ったEがそれを食べて死亡したというような，他人（第三者）を道具として扱う，**間接正犯**とよばれる態様（＝状態）と同様に考えるのです（間接正犯では，他人を道具として扱う者が，当然に処罰されます。☞**総論第12話**）。ただし，自分自身を道具として利用するための飲酒の際に，自身がそのような状態（心神喪失）になって相手方に暴行を加えるという故意が必要です。

なお，この見解にたいしては，飲酒行為の時点で**実行の着手**

（☞**総論第11話**）が認められ，未遂犯が成立することになり，未遂処罰が早くなりすぎるのではないかとの批判があります。

これについては，通常の間接正犯と同様に，結果発生の危険性が高まった時点，すなわち，実際に相手方への暴行行為が開始された時点で実行の着手を認めれば，問題ないといえるでしょう。

第 ⑩ 話

違法性の錯誤 悪いことだとは思っていませんでした！

---

1. 悪いことだと知っている必要はない

Case 1

A君がアルバイトをしている居酒屋で，割引のサービス券を作ることになった。インパクトが大事！ということで，1000円札そっくりに作ることにしたが，本物と間違えないようにするため，表面に，小さくではあるけれども「サービス券」と赤色で印刷し，肖像画も，もうほとんど流通していない昔の1000円札の夏目漱石にして，裏面は店名や地図を全面にのせることにした。

店長のTは，ニセ札作りとされたら困るので，念のため，友人の警察官Pの自宅に電話をかけ，サービス券についてたずねたところ，Pは「通貨偽造罪は本物とかんちがいするようなものにかぎられているから，一見してニセ物と分かるものを作っても罪にならない」と返答した。そこでTは，安心して，1000円札にそっくりなサービス券を500枚作成した。

A：先生，今，アルバイト先の居酒屋の店長が大変なことになってます。1000円札にそっくりのサービス券を作ったら，警察がやってきて……。

ミナミ：通貨及証券模造取締法で取り調べを受けたとか？　紙幣にまぎらわしい外観のものを作っちゃいけないという法律だね。ニセ札を作った場合に処罰される通貨偽造罪（148条）が有名だけど，それとは別に，似たものを作っても犯罪となるんだよね。

A：そうなんです。そんな法律があるとは知らないですし，店長は友人の警察官にも聞いて，問題ないといわれたから作ったというのに……。違法だと知らなかったのだから，犯罪不成立となりません

か？

ミナミ：残念ながら，法律を知らなかったとしても故意は認められるんだよ。38条3項をみてみよう。「法律を知らなかったとしても，そのことによって，罪を犯す意思がなかったとすることはできない」となっている。**事実の錯誤**は「故意・錯誤」（☞総論第6話）のところで勉強したよね。構成要件に該当する事実にかんしてのかんちがい，つまり，事実の錯誤は故意の成立が否定される。それにたいして，事実はしっかりと認識しているけれども，自分の行為が法律に違反するとは知らなかったという場合は，**違法性の錯誤**とよばれていて，故意は否定されない。38条3項の「罪を犯す意思」とは故意のことで，「法律」を知らなかった，つまり，違法だと知らなかったとしても，故意がなかったとはならず，原則，犯罪が成立する。悪いことだと知らなかったとしても，それだけでは許されないんだ。

2. 違法性の錯誤にたいしてなぜ厳しい？

A：なぜ事実の錯誤は故意がないとなるのに，違法性の錯誤はそうならないのですか？　違法とは知らず，悪いことをするつもりはなかったのですから，処罰するのはかわいそうじゃないですか？

ミナミ：そうだね。学説のなかには，悪いことと知りつつ，あえてルールの「壁」を乗りこえて行為した点に故意の本質があると考えて，違法だと知らなかった場合も，故意が欠けるとする見解もあるんだ。それは**厳格故意説**とよばれている。しかし，判例，そして，学説の多数はそのように考えていない。何でだろう？

A：犯人の言いのがれが横行するからかな……。

ミナミ：そういうふうに考える人もいるかもしれないね。だけど，ちゃんとした理由があるんだ。構成要件に該当する事実を認識していな

ルールは破られていない　　　　　　　　　ルールは破られている
　　　⇒事実の錯誤　　　　　　　　　　　　　⇒違法性の錯誤

　い人は，刑法で禁止されたことを思いうかべていないから，刑法と
　いうルールが破られたとはいえない。それにたいして，構成要件に
　該当する事実の認識がある人は，ただ違法だと知らないだけで，刑
　法で禁止されたことを認識して行為に出ているわけだから，ルール
　が破られたとみることができるんだ。たとえば，他人の傘を自分の
　傘だとかんちがいして持って行く人は，自分の傘を持って行く認識
　しかないから，「他人の物を持って行ってはいけない」という刑法
　のルールは破られていない。一方，他人の傘を持って行くことが違
　法だと知らないだけの人は，他人の傘を持って行くという刑法で禁
　止されたことを認識しており，ただ，そのルールを知らないだけな
　ので，ルールは破られているということになる。

A：むずかしいですね……。そうすると，Ｔさんは故意ありとなるので
　　すね。でも，通貨及証券模造取締法という法律があるなんて一般
　　人は知らないですし……。Ｔさんが気の毒です。

ミナミ：刑法は，あらかじめ国民にやってはいけないことのルールをし
　　めし，それにより国民がルールを守ることによって，犯罪をなくそ
　　うとするものであるならば，事実をかんちがいしている人はルール
　　を破っているとはいえないので，せいぜい過失犯にしかならないん
　　だ。けれども，ルールを知りませんでしたという人は，自分のやって
　　いること自体にかんちがいはなく，ルールを破っている以上，ただち

に許すことができないんだよ。それに，故意が成立するには違法だと知っていなければならないとすれば，より注意深い人は違法だと認識する場合が多いだろうから，故意が認められやすくなり，軽率（けいそつ）な人であれば故意が否定されやすくなるという問題も出てくるね。

総論 第10話

3．違法性（いほうせい）の意識（いしき）の可能性

A：そうすると，違法だと知らなかっただけの場合は，常に犯罪が成立してしまうのですね。知らずに法律に違反して処罰されないよう，もっと勉強しなくちゃ。でも，法律はたくさんありそうだし，学生には無理そうだから，何か新しいことをする場合は，弁護士にでも聞いて確認するしかないですかね。

ミナミ：刑罰が規定されている法律は数えきれないほどあるから，法律の専門家でも完全に把握している人は限られているかもしれないね（☞もう一歩前へ）。そこで，先ほど，違法性の錯誤は，「原則」犯罪が成立するといったけど，例外があるんだよ。違法でないとかんちがいしたことについて，つまり，違法性の意識を欠いたことについて，相当（そうとう）の理由（りゆう）がある場合は，犯罪の成立を否定する見解が多数なんだ。

A：そんなのがあるのですね。どういう理屈でそれが可能になるのですか？

ミナミ：ある行為について，違法性を意識することが不可能であれば，ルールを守ろうにもそのルールを知ることができないので，その者を非難することはできない。**責任主義（せきにんしゅぎ）の原則（げんそく）**（☞総論第9話）から，犯罪の成立を認めることができないんだ。そこから，処罰のためには，**違法性の意識の可能性**が必要だということになるんだ。違法性の意識を欠いたことについて，相当の理由がある場合は，この違法性の意識の可能性が欠けることになるよ。（☞もう一歩前へ）

085

4．警察官に聞いたのに……

A：では，警察官に聞いたTさんは，違法性の意識を欠いたことについて，相当の理由があるとして，処罰されないということになるのでしょうか！

ミナミ：警察官に聞いたということだけど，友人の警察官の自宅に電話をかけたということで，個人的に聞いた，ということなんだよね。

A：警察官ですよ！　日頃（ひごろ），法にもとづいて犯人を捕（つか）まえる警察官が大丈夫というんだから，それが正しいと思いますよね！

ミナミ：残念ながら，警察官であっても，個人的にたずねた場合では，違法性の意識を欠いたことについて，相当の理由があったとはならないんだ。相当の理由があるとするには，職責（しょくせき）*1のある公務員が正式に回答したものや，それと同等のものにしたがった場合にかぎられると考えられているんだよ。たとえば，担当する官庁（かんちょう）*2に問い合わせて，それにしたがった場合だね。だから，個人的に，知り合いの警察官に聞いたぐらいではダメ。今回，問題になったサービス券を，警察署に行って宣伝目的で担当の警察官にわたしたとして，そこで何もいわれなかったから大丈夫だと思い，さらに印刷したような場合であったとしても，相当の理由にはならないんだ。

A：かなり厳しいのですね。そうすると店長は相当の理由がないということになりますね……。ところで，先生に聞いた場合はどうなんですか？　大学の法律の先生だから，相当の理由があるということに

---

*1　用語：職責とは職務の「職」と責任の「責」をとったものです。「職務上の責任」という意味です。そして，職務とは，担当している仕事を指します。

*2　用語：官庁とは国が行うことについて，国の意思を決定し行使する権限をもつ機関を指します。

*3　用語：私人とは一般的には公務員などの公の職業で働いている人を除いた人を指しますが，明確には定義されていません。

なりますよね？

ミナミ：大学の先生がいったことを信頼しても，相当の理由にはならないでしょう。大学の先生もいろんな考えの人がいるからね。弁護士の言動を信頼した場合もビミョーだね。私人*3がいったことは，原則，相当の理由とはならないでしょう。

5. 事実の錯誤と違法性の錯誤の区別

ミナミ：ついでだから，違法性の錯誤にまつわる問題を勉強しておこう。多数の見解のように，事実の錯誤は故意が欠けるけれども，違法性の錯誤は，原則，故意が否定されないとすれば，事実の錯誤と違法性の錯誤の区別が重要になってくるよね。次の Case2 は，事実の錯誤だろうか，それとも違法性の錯誤だろうか？

Case
2

Xは，法律で狩猟禁止期間が設けられている「たぬき」を，その期間中に捕獲したが，その動物は「むじな」であると信じていた。なお，たぬきとむじなは同じ動物であったが，古来，たぬきとむじなは別の動物であると信じられており，Xもそのように考えていた。

あれはたぬきじゃなくて
むじなだから獲って大丈夫

でも本当はたぬき＝むじな
（※むじなはたぬきの俗称）

A：たぬきとむじなは別の動物と考えられていたのだから，Xには，たぬきとは別の動物である，むじな捕獲の認識しかない。そうする

と，事実の錯誤で故意が欠けるでしょうか？

ミナミ：そのように考えることができるね。事実の錯誤は，構成要件<ruby>構成要件<rt>こうせいようけん</rt></ruby>に該当する事実にかんしてかんちがいがある場合であるのにたいし，違法性の錯誤は，事実にかんしてかんちがいはないが，その行為が違法であるかどうかという，行為の法的評価<ruby>法的評価<rt>ほうてきひょうか</rt></ruby>にかんちがいがある場合だったよね。この **Case2** は，**たぬき・むじな事件** とよばれる有名な判例だけど，事実の錯誤であり，故意が欠けるとされたんだ。

Ａ：むじなの認識しかなかったから，たぬきを捕獲するという構成要件該当事実の認識が欠ける，ということですね。簡単です！

ミナミ：しかし，事実の錯誤と違法性の錯誤の区別は，実はそう簡単ではないんだ。たぬきとむじなは同じ動物だから，Ｘは，単に，たぬきという名称を知らなかっただけで，たぬきにあたる動物の姿・形を認識しており，そのような動物を捕獲した，と考えることもできる。つまり，たぬきの<ruby>意味の認識<rt>いみのにんしき</rt></ruby>があり，事実の認識は欠けない。そうであれば，違法性の錯誤と考えることもできるんだよ。

6. たぬき・むじな，むささび・もま

ミナミ：さらに話をややこしくしているのは，たぬき・むじな事件と同じ時期の判例で，狩猟禁止期間中に「むささび」を捕獲した者がいたのだけれど，その者はその動物を「もま」だと思い，むささびともまが同じ動物であることを知らなかったという事案で，違法性の錯誤とされたものがあるんだ。**むささび・もま事件** とよばれているね。

Ａ：どっちも<ruby>俗称<rt>ぞくしょう</rt></ruby>を認識していた事件なのに？？？　こっちも故意<ruby>故意<rt>こい</rt></ruby>が欠けるとしないと変じゃないですか？　理屈で説明できないのでは？

ミナミ：同じような事件なのに結論がわかれた理由として，従来，判例は，故意犯の成立に，違法性の意識も，違法性の意識の可能性も，

いずれも不要だとしていた点をあげる人もいるんだ。たぬき・むじな事件では，当時，一般的にたぬきとむじなは別の動物だと考えられていたので，被告人が同じ動物だと知らなかったのも無理からぬことであった。だから，無罪を導くために，事実の錯誤だとして故意を否定する必要があった。それにたいし，むささび・もま事件ではそのような事情はなかったので違法性の錯誤とした。このように考えることができるかもしれないね。判例は処罰すべきでない場合に事実の錯誤としてきたのであり，整合的に説明するのは困難だ，との指摘もあるんだよ。

A：論理的ではないのですね……。法律の専門家はみんな，判例は整合的でないと言っているんですか？

ミナミ：「むじな」あるいは「もま」だという認識があれば，捕獲が禁止されている動物の姿・形の認識があるので，構成要件に該当する事実の意味の認識が認められると考えれば，いずれの事件も違法性の錯誤となる。これは判例に批判的な立場だね。他方，判例の結論は正しいと考える見解も当然ある。それによれば，たぬき・むじな事件では，行為者はたぬきとむじなは別物と考えていたので，むじなの認識のみではたぬきの意味の認識が欠けるから故意がない。それにたいし，むささび・もま事件では，行為者は別物だと積極的に信じていたわけではなく，もまがむささびであることを知らなかっただけだとして，むささびの意味の認識があったと考えて，故意があるということになるんだ。

A：ビミョーな違いですね……。むずかしいです……。

ミナミ：それは正しい反応だね。判例でも，同じ時期に，ほぼ同じ事案で結論がわかれたということだけみても，事実の錯誤と違法性の錯誤の区別は簡単ではないことが分かるかと思うよ。区別のためのポイントは，意味の認識をどのように理解するかなのだけど，いろんな判例を読んで自分なりに考えてみるとよいだろうね。

● もう一歩前へ

あてはめの錯誤

　違法性の錯誤が問題となるのは，**Case1**や**Case2**のように，「刑法」という名の法律ではない，処罰規定が含まれている行政法規などの法律がしばしばですが，「刑法」でも問題となることがあります。たとえば，わいせつ物頒布等罪（175条☞**各論第5話**）や文書偽造罪（154条以下☞**各論第13話**）は，多くの人が知っている犯罪だと思いますが，自分の頒布（＝広く配り，行きわたらせること）するものは刑法上のわいせつにはあてはまらない，私立大学の成績証明書の成績を改ざんしたが，成績証明書が私文書にあてはまるとは知らなかった，という場合です（わいせつ物頒布等罪，有印私文書偽造罪〔159条1項〕が成立します）。このように，刑罰法規の存在は知っていたが，法解釈を誤り，自己の行為はその犯罪にあてはまらないと考えていた場合を，**あてはめの錯誤**とよんでいます。違法性の錯誤には，**Case1**のような法の不知（法律の存在を知らなかった場合）と，あてはめの錯誤があるのです。

「違法性の意識の可能性」の位置付け

　「違法性の意識の可能性」を犯罪論の体系上，どこに位置づけるかで争いがあります。故意の有無の問題だとして，違法性の意識が欠けたことにつき相当の理由があれば故意が欠けるとする見解（**制限故意説**）と，違法性の意識の可能性を責任能力などとならぶ，独立した責任要素の1つとして理解して，相当の理由があれば責任が欠けるとする見解（**責任説**）とで対立しています。ただし，どちらの見解でも，相当の理由があれば犯罪とならないのは同じです。判例も，かつては，違法性の意識やその可能性は犯罪の成否に一切関係がなく，不要だという態度でしたが，最近は学説と同じように考えているとみることができます。制限故意説にもとづき，相当の理由があるとして，故意を否定した高等裁判所の裁判例もあります。

第 **11** 話
未遂犯　失敗したのに処罰される？

1. 既遂と未遂

盗むことができずに…

ある日，X は金目の物を盗もうとして，A の自宅の窓ガラスをわって侵入した。X が居間のタンスの中をゴソゴソとさがしていたところ，物音に気づいた A の通報を受けた警察官に発見され，現行犯逮捕された。そのため，X は何も盗むことができなかった。

Case1では，X は他人の家に侵入していますので，**住居侵入罪**（130条前段）が成立します（☞**各論第 7 話**）。それに対して，X が金目の物を盗もうとして失敗したことについては，**窃盗未遂罪**（235 条・243 条）が成立します。**総論第 3 話**でもすでに既遂と未遂の区別について説明しましたが，ここでは，さらにくわしくこの未遂罪について考えていきましょう。

既遂が原則，未遂は例外

第 235 条（窃盗）
他人の財物を窃取した者は，窃盗の罪とし，10 年以下の懲役又は 50 万円以下の罰金に処する。
第 243 条（未遂罪）
第 235 条……の罪の未遂は，罰する。

235 条の窃盗罪（☞**各論第 8 話**）には，「他人の財物を窃取した者」と書かれています。ほかにも，199 条の殺人罪（☞**各論第 1 話**）には「人を殺した者」，220 条の逮捕・監禁罪（☞**各論第 3 話**）には「不法に人を逮捕し，又は監禁した者」とあります。これらの規定に共通するのは，

「窃取した」,「殺した」,「監禁した」とすべて過去形になっている点です。このことからわかるのは,犯罪が成功した場合,つまり,**既遂**になった場合に処罰されるということです。そのため,**Case1**のXのように,窃盗をしようとしたのに失敗した場合,「窃取した者」と規定する235条では,本来は処罰できません。窃盗未遂罪が成立するのは,243条に,「第235条……の罪の未遂は,罰する」という特別な規定があるからだということになるのです(**既遂犯処罰の原則**)。

未遂がない犯罪も

> 第44条(未遂罪)
> 未遂を罰する場合は,各本条で定める。

このように,未遂罪が成立するためには,犯罪ごとに特別な規定が定められていなければなりません(☞総論第3話)。それが,44条の「未遂を罰する場合は,各本条で定める」ということの意味です。先ほども述べたように,235条の窃盗罪の場合には,243条に窃盗未遂罪が規定されています。

したがって,特別な規定がない場合には,未遂罪が成立しないということに注意してください。たとえば,**名誉毀損罪**(230条1項☞各論第6話)や**器物損壊罪**(261条☞各論第8話)には,未遂罪の条文がありません。条文がない以上,これらの罪の未遂罪は成立しません。

2. 未遂罪が成立するとき

> 第43条(未遂減免)
> 犯罪の実行に着手してこれを遂げなかった者は,その刑を減軽することができる。(以下略)

　それでは，未遂罪はいつ成立するのでしょうか。よりくわしく未遂罪の条文をみてみましょう。43条本文には，「犯罪の実行に着手してこれを遂げなかった者」と規定されています。この条文から，未遂罪は，**実行に着手して，これを遂げなかった場合**（犯罪が成功しなかった場合）に成立することがわかります。

　「これを遂げなかった」とは，犯罪が成功しなかったことを意味します。つまり，犯人が「実行に着手」した後（上の図の①），犯罪が成功しなければ（上の図の②）未遂罪が成立するということになります。一方，犯罪が成功すると既遂罪が成立することになります。これまで，とくに①の「実行の着手」がどのような内容をさすのかについては議論がなされてきました。以下では，この「実行の着手」について，くわしくみていきましょう。

3．未遂を処罰する理由は？

ある高校での授業

　実行の着手を考えるにあたって，まずは，未遂罪が処罰される理由を考えてみましょう。**Case1**のＸは現行犯逮捕されたので，Ａの財産に被害はありませんでした。にもかかわらず，Ｘが窃盗未遂罪という犯罪で処罰される理由はどこにあるのでしょうか。以下では，ある高校生の考え方を紹介しますので，みなさんも一緒に考えてみてください。

生徒P

　Xは今回たまたま失敗しただけであって，ふたたび同じ行為をやりかねません。このような危険な考え方をもつ人は処罰されるべきだと思います。

　生徒Pのように，Xの「危険な性格や考え方」を理由に未遂を処罰すべきという考え方を，主観主義とよんでいます。たしかに，Xは窃盗をしようとしましたので危険な人物といえそうです。しかし，犯人の心のなかにある危険性を外から認識するのは困難です。また，考えることは人の自由であり，危険な思想を有しているからといって，それだけを理由として処罰することは許されません。このことは，行為主義，すなわち，外からみることができる行為や結果がなければ処罰できないというルールとして認められています。

生徒Q

　Aはもう少しでお金をとられるところでしたよね。Aの財産が危険にさらされたから処罰されるのではないでしょうか。

　生徒Qがいう「Aの財産が危険にさらされた」という状態は，目でみて判断することができます。主観主義のように，危険な性格や意思というみえないものを理由に処罰するのではなく，危険な状態が発生したという，目にみえることを理由とすべきとする考え方を客観主義と呼んでいます。この考え方によれば，窃盗未遂罪が成立するためには，少なくとも，Aの財産が危険にさらされたことが必要となります。現在，この客観主義が正しいと考えられており，裁判所もこの考え方を採用しています。

4. 実行の着手とは？

いつ窃盗未遂に？

　それでは，**客観主義**の考え方にしたがうと，未遂罪が成立する時点である**実行の着手**はどのように考えられているでしょうか。 Case2 で具体的に考えてみましょう。

Case 2

　Y は B の家に侵入して金目の物をとろうとしたが，かけつけた警察官に逮捕されて，何もとることができなかった。Y が逮捕されたのが，以下の①～⑤の時点だった場合，Y に窃盗未遂罪が成立するだろうか。

①　近所の人々が寝静まった夜中に，住宅街をウロウロしながら，B の家に目標を定めたとき

②　B の家の開いていた窓から，家の中に侵入したとき

③　家の中を見渡して，いかにも金目のものが入っていそうなタンスの方に向かったとき

④　そのタンスの引き出しを開けて，中に何かないかとゴソゴソと探したとき

⑤　そのタンスの引き出しの中に現金があるのを発見し，その現金に手をふれたとき

財産にたいする危険

　 Case2 について，3 で説明した**客観主義**の立場から考えてみましょう。つまり，客観主義の考え方によれば， Case2 では，Y が B の財物を奪おうとすることによって，B の財産が危険にさらされたといえることが必要となります。そうすると，①の時点では窃盗未遂罪は成立しないということはあきらかです。なぜなら，Y は B の家に入っていませんので，B の財産にたいする危険が差し迫っているとはいえないからです。それにたいして，⑤の時点では，Y が B の現金に手をふれており，現金

という財産にたいする危険が間近に迫っているのは，だれの目からみてもあきらかですので，窃盗未遂罪が成立します。

タンスの方に向かった時点

問題は②から④の時点です。まず，④のように「中に何かないかとゴソゴソと探す」という**物色行為**があったときには，財産にたいする危険がある程度，生じていますので，この時点で実行の着手があり，窃盗未遂罪が認められます。

それでは，さらに早い段階の③はどうでしょうか。一般的には，このような③の「金目のものが入っていそうなタンスの方に向かった」時点でも窃盗未遂罪が成立すると考えられています。なぜなら，この「金目のものが入っていそうなタンスに向かう」という行為からは，Ｙがタンスの中の財産を狙っていることが，第三者からみても明らかだといえるからです。したがって，③についても，Ｂの財産にたいする危険が認められ，窃盗未遂罪が成立します。

ケースバイケース

それに対して，②の時点では，家の中に立ち入っただけですので，住居侵入罪にはあたりますが（☞**各論第7話**），窃盗未遂罪は成立しません。ただし，たとえば，Ｂ宅の窓の外から，Ｙが前から欲しかったゲーム機がすぐそこにみえていたために，Ｙが窓から侵入して，そのゲーム機を盗もうとしていたとします。この場合，窓から侵入した時点でＢの財産に危険が迫っているといえるため，窃盗未遂罪が成立することになりそうです。このように，財産にたいする危険が認められるかどうかは，財産がおかれている場所や侵入した場所の状況などによって，ケースバイケースだといえます。

犯人の計画も考慮に？

このように，客観主義の立場からは，財産にたいする危険が，だれの目からみてもあきらかな時点で未遂罪が認められることとなります。ただし，この危険は，犯人の**故意**（☞総論第6話）や**犯行計画**といった，犯人の心のなかの要素も考慮に入れられる点に注意してください。

たとえば，Yが，Bを殺害しようと考えてB宅に侵入した場合に，Bに近づく途中に，Yがタンスに近づいたからというだけで窃盗未遂罪が成立するとはいえないでしょう。また，下着ドロボーを繰り返している行為者が，下着を盗もうと他人の家に侵入した場合，ゲーム機やテレビに近づいたからといって，それだけでは窃盗未遂罪が成立するとは認められません。このように，未遂罪の判断では，タンスやゲーム機に近づいたという目にみえる要素だけではなく，犯人がどういう意図で犯罪をおこなおうとしているのかという要素も考慮に入れられることになります。

5．途中でやめた場合

やっぱりやめよう…

第43条（未遂減免）
犯罪の実行に着手してこれを遂げなかった者は，その刑を減軽することができる。ただし，自己の意思により犯罪を中止したときは，その刑を減軽し，又は免除する。

Case1 や **Case2** で登場した未遂罪は，より正しくは，**障害未遂**と呼ばれます。つまり，犯人としては犯罪を完成させようとしていたのですが，なんらかの障害（ジャマ）が入ったために未遂となった場合をさします。このような場合，刑を軽くするかどうかは，犯人の事情を考慮したうえで裁判官が判断します（43条本文。裁量的な刑の減軽）。

それにたいして，犯人が自分の意思で犯罪を中止して，未遂となった

場合を，**中止犯（中止未遂）**とよんでいます。たとえば，金目の物を盗もうと人の家に侵入したのですが，タンスに近寄ったところで，やっぱり悪いなと思い返して（自分の意思で）盗むことをやめたような場合が考えられます。

中止犯は中止未遂ともよばれるように，未遂の一種ですから，犯罪が終了して既遂になってしまうと中止犯とはならないことに注意してください。中止犯と認められれば，無罪とはなりませんが，必ず刑が軽くなるか，刑を免除してもらえます（43条ただし書。必要的な刑の減免）。

懸命な救助活動

Case 3

Zは，日ごろから恨んでいたDを殺してやろうと思った。そこで，Dの胸に，用意していた包丁を突き刺した。しかし，出血して苦しむDを見て，Zは自分の行いを後悔しはじめた。そこで，ZはすぐにDの出血している場所をタオルでおさえ，救急車をよんだ。Zの懸命な救命活動により，Dは一命をとりとめた。

Case3のZは「包丁を突き刺す」という実行行為に着手したのちに，自分の行いを後悔して「自己の意思により」，Dの救助活動を行っています。また，Zによる懸命な救命活動によってDの命が助かっていることから犯罪を中止したと認められます。そのため，Zには殺人未遂罪（199条・203条）が成立しますが，中止犯として刑が軽くなるか，免除してもらえることになります。

● もう一歩前へ

未遂罪以外にも，犯罪が完成していない時点で処罰する規定として**予備罪**があります。予備とは未遂以前の準備行為で，とくに重大な犯罪にかぎって例外的に規定されています。たとえば，殺人予備罪（201条）の場合，殺人を犯す目的で，毒薬や

武器を準備するといった行為が考えられます。

第199条（殺人）
人を殺した者は，死刑又は無期若しくは5年以上の懲役に処する。
第201条（予備）
第199条の罪を犯す目的で，その予備をした者は，2年以下の懲役に処する。ただし，情状により，その刑を免除することができる。

　ほかにも，強盗予備罪（237条），放火予備罪（113条）などがあります。

第 12 話
正犯と共犯　犯罪の主役と脇役

1. 正犯と共犯のカタログ

　ここからちょっと難しい話になりますが，できるだけわかりやすく説明しますから，がんばってください。

　1つの犯罪に2人以上がかかわることは，めずらしくありません。刑法の第11章「共犯」には，共同正犯（60条），教唆犯（61条），幇助犯（62条）が規定されています。共犯という用語は，これら全部をふくむ広い意味で使われることもありますが，犯罪の主役と脇役とをわけて，主役を**正犯**といい，脇役を**共犯**ということもあります。

　刑法の「共犯」の章で正犯とよばれているのは，**共同正犯**だけです。しかし，1人で犯罪をおこなう場合には，もちろん，その人が主役です。主役1人だけのときは，**単独正犯**といいます。単独正犯とは，刑法第2編の各条文の構成要件に規定されている「何々した者」のことで，基本になる正犯です。共犯の規定は，各条文の「何々した」を少しひろげて，単独正犯以外の主役・脇役を処罰するものだといえます。

　脇役の方が主役より軽く処罰されるのがふつうです。典型的な脇役である幇助犯の法定刑は，正犯に科される刑から減軽されます（63条）。

2. 背後であやつる主役——間接正犯

Case 1

Aは，患者Vを殺そうと考え，新人の看護師Bに対し，人の死を引き起こす薬物を，それと知りながら，Vに飲ませるように指示した。Bは，Aの指示にしたがってVにその薬物を飲ませたが，それが人の死をもたらす薬であることを知らなかった。Vは，その薬の効果によって死亡した。

Case 1で「人を殺した者」（199条）はだれでしょうか。Bは，Vが死ぬとは思っておらず，殺人罪の故意が認められませんから，Bを殺人罪の正犯とするわけにはいきません。むしろ，自分で殺す行為をしてはいないけれども，AがVを殺害する犯罪の主役であるように思われますね。法律的にも，Aは殺人罪の正犯とされます。間にBをはさんでいるので，間接正犯とよんでいます。

間接正犯も，やはり，構成要件に該当する行為をおこなう人だから正犯だとされるのですが，それはどういうことでしょうか。Case 1のAが「人を殺した」といえる理由を考えてみましょう。

犯罪のゴールである結果を発生させる危険な行為を「実行行為」というのでした（☞総論第3話）。そこで，人の死という結果が発生する危険のある行為をおこなった人が殺人罪の実行行為をおこなった人であり，すなわち殺人罪の正犯だということになります。

Case 1では，BがAの指示どおりに行動するのはほぼ確実です。このような場合，AがBに指示する行為は，それ自体が「Vの死亡結果を発生させる危険のある行為」だとみることができます。つまり，Aが「人を殺す」という殺人罪の実行行為をおこなったといえるのです。

3. 他人を道具のように利用する——道具理論

間接正犯については、以前から道具理論とよばれる考え方が受け入れられてきました。それは、たとえば、**Case1**の場合、Bは、Aに使われる道具にすぎず、Bを道具として使ったAの方が正犯になるとする理論です。「Aが実行行為をおこなった」といえるのは、BがAの道具にすぎないときですから、いいたいことは**2**でした説明と同じです。

他人に使われる道具とみなされるのは、他人の思いどおりに行動してしまう人です。典型的な場合のひとつが、Bのように、自分の行為が犯罪であるとは知らない人（故意のない道具）です。自分の行為が犯罪だとは思わないのですから、抵抗を感じずに、背後の人にいわれたとおりに行動してしまうでしょう。一方、背後であやつる人は、道具の行為が犯罪だと知っていて、あえて道具に行為させているので、その犯罪の主役、つまり間接正犯とされるのです。

4. わかってはいてもしたがわざるをえない——強制された道具

> Cは、自らが養育していた12歳の娘Dにたいし、ふだんから虐待をくり返し、DがCのいうことをきかざるをえない状態にしていた。ある日、Cは、DにたいしVのお金を盗んでくるように指示した。Dは、しぶしぶVの財布を取ってきてCに渡した。

行為する人に故意があり、行為に抵抗感をもっているときでも、背後の者からの強制があるため、その指示どおりに行動すると予想できる場合は、道具とみられます。たとえば、**Case2**のDは、盗みが悪いことと知りながらも、Cの命令にしたがわざるをえなかったでしょう。この場合も、Dは、Cに使われる道具（強制された道具）とみられるので、Cは、窃盗罪（235条）の間接正犯とされます。

Dは14歳未満ですから，責任能力が認められないため処罰されません（41条☞**総論第9話**）。ただ，道具と判断されるためには，刑事未成年（責任能力がない）だというだけではなく，虐待されていて親のいうことをきかざるをえないといった，意思がおさえつけられている状況であることが必要です。

精神的に未発達であるとか精神病にかかっているといった理由で責任能力がない人も，道具（**責任のない道具**）とみられやすいとはいえます。しかし，ともかく自分の意思で行動している人ですから，これらの場合にも，他人のいうとおりに行動してしまうかどうか，慎重に判断しなければなりません。

5．自殺させる殺人行為──被害者を利用する間接正犯

被害者に自殺行為をさせる場合に，被害者自身を道具として利用する間接正犯として殺人罪になることがあります。たとえば，被害者をだまして死んでしまうことに気づかせずに自殺行為をさせるとか，被害者に自殺行為をさせるように強制するといった場合です（☞**各論第1話**）。

ただし，人に自殺するようにそそのかす行為（自殺教唆）や，他人の自殺を手伝う行為（自殺幇助）は，199条の殺人罪とは区別して202条によって処罰されます。被害者が道具のように利用されている場合（199条）なのか，被害者が主体的に判断して自殺しようとしている場合（202条）なのか，しっかり区別する必要があります。

6. 全員主役——共同正犯

> 第60条（共同正犯）
> 2人以上共同して犯罪を実行した者は，すべて正犯とする。

Case
3

EとFは，一緒にVから現金を奪おうと意見が一致し，2人でたてた計画どおり，Eは，Vに対し出刃包丁を突きつけて「おとなしくしろ」と言い，Fは，恐怖で抵抗できないVのズボンのポケットから現金入りの財布を奪った。

2人以上が犯罪にかかわり，その全員が主役（正犯）とされる場合が共同正犯です。**Case3**の場合，Eは，脅迫はしたが財物を奪ってはいない。Fは，財物を盗ったが脅迫はしていない。それにもかかわらず，EもFも「脅迫を用いて他人の財物を強取した」犯罪，つまり強盗罪（236条1項）の正犯（共同正犯）とされるのです（☞**各論第9話**）。

共同正犯になると，因果関係の判断が修正されます。たとえば，GとHが共同してVを射殺するつもりで同時に弾丸を発射したところ，Gの弾（＝弾丸）が命中してVが死亡し，Hの弾は外れたとします。このとき，G・Hとも殺人既遂罪の共同正犯となります。どちらの弾があたったか不明である場合も同じです。つまり，G・Hが一緒になっておこなった殺害行為全体と死亡との間に因果関係があれば，既遂犯の共同正犯として処罰されるわけです。

7. ばらばらの犯罪行為——同時犯

事例を少しかえて，G・Hが，別々にVを射殺しようとして，たまたま同時にVをけん銃で撃った弾丸があたり，Vが死亡したとします。このときは，共同正犯は成立しません。Gのけん銃の弾丸があたったこ

とが証明できなければ，Gに殺人既遂罪の成立を認めることはできません。もし，Hのけん銃の弾丸があたったと証明されたら，Hに殺人既遂罪，Gには殺人未遂罪が成立するだけです。

どちらの弾丸があたったのかが不明であるときには，GもHも殺人既遂罪で処罰することはできません。「疑わしきは被告人の利益に」（☞ **総論第4話 もう一歩前へ**）という刑事訴訟法の基本原理があるからです。疑いが残るのに死亡結果をどちらかのせいにすることは許されないのです。このように，2人以上の人がお互いに意思を通じないままに，偶然，同時に実行行為をおこなう場合を同時犯といいます。

8.「いっしょにやろう」──意思連絡と相互利用補充意思

同時犯でなくて共同正犯になるためには，犯人相互の意思連絡が必要です。意思連絡とは，具体的にいうと次のようなことです。

まず，犯罪にかかわった人たちが，何をしようとしているのかをお互いに知っていなければなりません。自分が加わっていることを相手が知らない「片思い」のときは，片面的共同正犯とよばれますが，そのような共同正犯はありえないと考えられています。片思いでは共同正犯は成立しません。

そして，犯罪をおこなおうとする人たちの間に，共同している仲間のおこなう行為も自分の行為として相互に利用し合う意思が必要です。この相互利用補充意思が，6で説明したような全部をおこなわなくても「すべて正犯」とされる根拠なのです。

9. 実行はまかせた —— 共謀共同正犯

Case 4

Iは，以前からVの態度が気に入らないと思い，自宅で後輩のJにたいし「一度Vを痛い目にあわせてやろう」というと，Jが「わかりました」と答え，Vに暴行・傷害を加える合意が2人の間に成立した。Iは，Jに実行を依頼して自宅で待機している間に，JがV宅におこなってVの顔をなぐりつける暴行をし，Vは傷害を負った。

犯罪の主役として共同正犯とされるためには，主観的な意思連絡や相互利用補充意思だけでなく，当然，客観的に犯罪をおこなったという事実が必要です。**Case3**のE・Fは，強盗罪の構成要件にあたる行為を分担しておこなっているので，2人とも客観的に犯罪をおこなったといえるでしょう。

一方，**Case4**のIは，Jと一緒にVをなぐったわけではなく，自分では暴行をおこなっていません。Iにとって「犯罪をおこなった」という客観的な事実はないように思えます。しかし，IとJは，暴行・傷害罪をおこなうことで合意しています（☞各論第2話）。このような，特定の犯罪を実行することについての合意を共謀といいます。共謀にもとづいてJがおこなった行為は，IがJに「代わりにやらせた」だけで，やはりIからみても「犯罪をおこなった」ということができるでしょう。

そうすると，共謀参加者のうちだれが実行したかにかかわらず，共謀参加者は，みな同じように犯罪の主役だと考えられます。つまり，Iも傷害罪の共同正犯となるのです。このように，共謀にもとづき共同正犯となる場合を共謀共同正犯といいます。

暴行について意思連絡があり，その暴行行為から因果関係をもって傷害結果が発生した場合には，傷害させることを共謀していなくても傷害罪の共同正犯とされます。傷害罪には暴行罪の結果的加重犯*1（☞**各論**

第2話9）の場合をふくむことがその理由です。

*1　用語：「けっかてきかちょうはん」という場合もあります。

● もう一歩前へ

┌─ 正犯・共犯のまとめ ──────────────────────────┐

正犯	単独正犯	1人で犯罪を実行した者
	間接正犯	他人を道具として実行行為をおこなった者
	共同正犯（60条）	2人以上共同して犯罪を実行した者
共犯	教唆犯（61条）	人を教唆して犯罪を実行させた者
	幇助犯（62条）（従犯）	正犯を幇助した者

（広義の共犯／狭義の共犯）

　共同正犯は、正犯に位置づけられますが、2人以上が犯罪にかかわるので、共犯としての性質ももっています。間接正犯は、他人を道具として実行行為をおこなう場合で、単独正犯の場合です。

　なお、刑法の「共犯」の章にある共同正犯をふくめて「広義の共犯」とよび、共同正犯をふくめない教唆犯・幇助犯をさして「狭義の共犯」ということもあります。

　実行を分担しなくても共謀共同正犯として共同正犯が成立するので、裁判になった共犯事件のほとんどが共同正犯となっています。しかし、幇助犯とされれば正犯より軽い刑が科されます（☞総論第13話）から、共同正犯と幇助犯とは区別しなければなりません。共謀に加わった人を共同正犯と幇助犯とにわける基準は、「自己の犯罪をおこなう意思」（正犯意思）とされています。

　たとえば、窃盗罪や強盗罪の共謀に加わっただけでなく、計画を提案してリーダー的な役割を演じたとか、盗んだお金の分け前をたくさんもらう約束をした、といった事情がある場合には、その人は、おこなわれる犯罪を「自分の犯罪」だと考えて

いた（正犯意思をもつ）と推測できますから，共同正犯とされます。一方，分け前もなく手伝わされた子分のような立場の人には，正犯意思は認められず，幇助犯となります。

　しかし，客観的行為を第1とする基本的な姿勢（☞**総論第2話**）からすれば，正犯かどうかも，主観的要素でなく客観的な事情によって決める方が適切でしょう。正犯意思があるかどうかは，先にのべたような客観的事情から判断されるので，結論はあまりちがわないかもしれません。それでも，正犯らしい客観的なはたらきがあったことを基礎にすれば，正犯の限界が明確になり，正犯の範囲が広くなりすぎるのを防ぐことが期待できそうです。

第⑬話

教唆・幇助と共犯をめぐる諸問題　共犯のダンジョン

1. 他人をそそのかして犯罪を行わせる──教唆犯

A が B にたいし，「V を痛い目にあわせた方がいい」と忠告し，B は，そのとおりだと納得し，V への暴行を決意して実行した。

> 第61条（教唆）
> ①人を教唆して犯罪を実行させた者には，正犯の刑を科する。

　今回は，まず犯罪の脇役について説明しましょう。ひとつ目は教唆犯です。教唆とは「そそのかす」ことです。正犯に実行を決意させることを意味します。まだ犯罪をおこなう意思をもっていない人に犯罪実行の意思を生じさせる必要があります。**Case1** の A は，B をそそのかして暴行を実行させたので，暴行罪（208条）の教唆犯が成立します（☞**各論第2話**）。もし B がすでに犯罪実行を決意していて，A がそれをさらに勢いづけたり，はげましたりした場合は，教唆ではなく **2** の幇助に分類されます。

　Case1 では，「忠告した」と表現しましたが，相手に犯罪実行の決意を生じさせるにたりる行為であれば教唆にあたります。指示・命令のように強くすすめる場合も，「そうした方がいいのではないか」とひかえめにうながす場合も教唆になりうるのです。

　教唆犯は，共犯ですが「正犯の刑を科する」ことになっています。犯罪の大元になるという意味で重大な行為だからだと考えられます。

2. 脇から助ける —— 幇助犯

Case 2

Cは，DがVを撃ち殺すつもりだと聞き，Dの犯行をやりやすくするため，殺害場所に予定されている部屋の窓に，銃声が聞こえにくいよう目張りをしておいた。しかし，Dは，計画を変更して別の場所でVの首を絞めて殺害した。

> 第62条（幇助）
> ①正犯を幇助した者は，従犯とする。

　脇役の2つ目は，幇助犯です。条文では「従犯」ですが，多くの場合に幇助犯とよばれます。幇助犯の処罰は，正犯の刑から減軽されます（63条）。刑の減軽の方法については，68条をみてください。

　幇助とは，正犯を助ける行為のことです。正犯の実行を促進し，容易（＝簡単）にする行為を意味し，教唆のときと同様，方法に限定はありません。たとえば，凶器を提供すること，侵入口の情報を知らせること，勢いづけるなど正犯の意思を強めること（1で説明しました）などが幇助の例です。**Case2**のCの行為は，Dの殺害行為の遂行を容易にするものですから，殺人罪（199条）の幇助にあたります。

　ただし，**Case2**では，実際にはCのおこなった目張りは，DによるVの殺害行為の役に立ちませんでした。つまり，「幇助行為のおかげで正犯の実行が容易になった」という意味の幇助行為と正犯の実行との間の因果関係がありません。この場合には，幇助犯の成立は認められないとされた例があります。

3. 主役あっての脇役 —— 共犯の従属性

　教唆犯は，正犯に「実行させた」者ですから，正犯が実際に実行する

ことが必要です。正犯がいったん決意しても，思い直して実行しなかったときは，教唆犯も成立しません。幇助犯でも，正犯が実行することが前提になっています。つまり，脇役である共犯の成立は，主役である正犯に依存するのです。このような性質を，共犯の従属性といいます。

さらに，条文では明示されていないものの，共犯の成立が認められるのは，正犯が実行しただけでなく，構成要件に該当し，違法であるときにかぎるとされています。共犯が正犯の行為を通じて「違法な結果」を引き起こすことが共犯の処罰根拠だと考えられるからです。違法であれば，正犯に責任が問えないときでも，共犯の方は成立します。

たとえば，教唆した相手（正犯）が実行したけれども正当防衛（☞総論第8話）として違法性が阻却されるときは，教唆犯は成立しません。これにたいし，正犯に責任能力（☞総論第9話）がなくて責任が問えないときでも，正犯の行為が違法であるかぎり，教唆犯は成立しうるのです。

4. 犯罪に途中から参加する──承継的共同正犯

ここから先の話は，共同正犯が成立する「限界」にかかわります。むずかしい感じがするかもしれませんが，今すぐ理解できなくてもかまいません。「共犯」という，むずかしいダンジョンの構造を知り，脱出のためのカギを発見するヒントを探しにでかけましょう。

Case 3

EがVに暴行を加えて現金を奪おうとしてVを殴ったところに，Eの友人FがやってきてEの計画をきいて仲間に加わり，EとともにFも一緒にVから現金を奪って逃げた。

まずは，**Case3**について考えましょう。Eは，Fが加わる前と後を通じて，強盗罪（236条）の実行行為を自分でおこないましたから，強盗罪の正犯です（☞各論第9話）。では，あとから参加したFは，Eが犯した強盗罪の共同正犯とされるでしょうか。

Fは暴行していないので、「暴行を用いて他人の財物を強取した」（236条1項）という強盗罪の共同正犯とするのはおかしいような気がします。まず、Eだけでおこなった暴行は、Fとの間に意思連絡がないのに、暴行の部分は共同して実行したのでしょうか。それに、共謀が成立する前にすでに終わっていたEの暴行をFのせいにすることはできないと思う人もあるでしょう。

しかし、このような場合にも、Fが、Eの暴行をふくめて強盗罪の共同正犯になるとした実例があります。これは、Eの犯罪を引き継いでFに共同正犯を認める類型なので、承継的共同正犯といいます。ただ、加わる前の犯罪を引き継ぐには条件があって、FがEと意思を通じたうえ、Eの暴行による「Vが反抗できない状態」をFが積極的に利用する意思をもち、実際にもその状態をFが利用する形で、財物奪取行為をおこなったときにかぎるとされました。

しかし、たとえば、Xが暴行し、そこにYが加わって一緒に暴行を続け、Vに傷害を負わせたとします。このとき、Yは、「Xの暴行で生じた状態を利用して」暴行したわけではないでしょう。すでにXの暴行から傷害が生じていた場合、それにYが影響をあたえることもありえません。Xだけがおこなった暴行を含めてYと共同したと認めるのは、むずかしいのです。暴行・傷害罪にかんする実際の事件でも、承継的共同正犯が認められなかった例があります。

5. もう仲間ではない──共同正犯からの離脱

GとHは、意思を通じて共同してVにたいし、暴行をはじめたが、Gは、「もうやめだ。オレは帰る」と言い残して、途中で帰ってしまい、そのあとはHだけで暴行を続け、Hの暴行によりVは傷害を負った。

途中から加わる場合があれば，途中からいなくなる場合もあります。

Case4 で，最初は暴行罪の共同正犯であった G と H のうち，G が帰ってしまいましたが，その後 H だけがした暴行から生じた傷害について，G も罪責（＝罪を犯した責任）を問われるのでしょうか。これは，共同正犯からの離脱とよばれる問題です。離脱したのなら，その後に生じた結果は，離脱した人にとっては無関係となり，その部分は共同正犯にならないはずです。

とはいえ，G の暴行が V の負った傷害にたいし，なんらかの効果をあたえているなら，その傷害は，G のせいでもありますから，離脱を認めるわけにはいかないでしょう。ということは，逆に，おこなった行為の効果を取り除けば（むずかしくいうと「因果性の遮断」ができれば），いったん成立した共同正犯関係からの離脱を認めてよさそうです。あらためて考えると，G は，一方的に「もうやめだ」と言って帰っただけで，それまでにおこなった暴行の効果を十分に取り除いてはいませんから，離脱は認められません。G と H には，H だけで継続した部分をふくめた傷害罪について共同正犯が成立します。

では，それまでに行った行為の効果を取り除くには，どうすればよいでしょうか。たとえば，包丁を凶器として提供したのなら，共犯者からその包丁を取り戻せば包丁を提供したことの効果は取り除かれるでしょう。しかし，共同正犯である以上は，主役とされる重要な行為をしているので，その効果をなくすのは容易ではありません。G が離脱できるとすれば，H がもう G は仲間でないと考えて，このあとは，ひとりでやろうと決意するとか，G 以外のだれかと H とが，あらためて共謀して，あらたな犯罪としての暴行をはじめるとかいった場合でしょう。

6. だれでもできる犯罪ではない——身分犯と共犯

条文に書かれていること自体が複雑なのが65条です。65条は，身分犯の共犯についての規定です。

> 第65条（身分犯の共犯）
> ①犯人の身分によって構成すべき犯罪行為に加功したときは，身分のない者であっても，共犯とする。
> ②身分によって特に刑の軽重*1があるときは，身分のない者には通常の刑を科する。

---

*1　用語：「けいちょう」という場合もあります。

犯罪について定めた刑法第2編の条文の多くには「……した者は」と書かれており，つまりだれが行っても犯罪になります。しかし，なかには，ある地位にいる者の行為だけを犯罪とする類型もあります。このように犯罪の主体が限定されている犯罪のことを**身分犯**といいます。犯罪の主体となるための条件を身分とよびます。

身分犯の代表例は，収賄罪です（☞各論第15話）。たとえば，197条1項では，「公務員が，その職務に関し，賄賂を収受し，又はその要求若しくは約束をしたときは……」と定められています。公務員であること（公務員という身分）が，収賄罪の主体になるための条件なのです。それでは，公務員にたいして収賄罪をおこなうようにそそのかした人が公務員でなかった場合，その人に収賄罪の教唆犯が成立するのでしょうか。

7. 単独センターは無理でもWセンターなら——構成的身分

Case 5　公務員でないIは，公務員Jに対し，Vから提供される賄賂の収受をそそのかし，Jはそれに応じてVから現金を受け取った。

65条1項は「犯人の身分によって構成すべき犯罪行為」について定めています。これは，「特定の身分がある人の場合にかぎって犯罪となるような行為」のことで，その身分を構成的身分といいます。この条文は，構成的身分にもとづく身分犯（真正身分犯）にかかわったときは，身分がない人もその罪の共犯になることを定めていることになります。

Case5において，公務員でないIは，1人では収賄罪をおこなうことはできないけれども，公務員であるJと一緒なら収賄罪の犯人になるのです。したがって，Iには，収賄罪の教唆犯が成立します。さらに，Iが賄賂の要求など主役級のはたらきをしたとか，受け取った賄賂から多くの分け前を得たなどという場合には，IとJとが収賄罪の共同正犯とされることもありえます。

8. 身分のせいで重く罰せられる──加減的身分

Case6 修学旅行費用を各家庭から預かっていた教員Kは，配偶者Lにそそのかされて，管理中の現金をギャンブルに使ってしまった。

Case6のKの行為は，「業務上自己の占有する他人の物」を横領したので，業務上横領罪（253条）にあたります。ただし，「業務上」でなくても「自己の占有する他人の物」を横領すれば，より法定刑の軽い252条の（単純）横領罪に該当します。つまり，「業務上」という条件は，単純な「占有者」の場合より重く処罰される理由になっています。

他人の物を「業務上」占有していることは，行為主体を限定する条件ですから，身分ととらえることができます。そうすると，業務上横領罪は，「業務者」という身分によって「刑の軽重があるとき」（ここでは，刑が重くなるとき）にあたります。このような身分を加減的身分といいます。65条2項によると，加減的身分のない者には，「通常の刑」を

科すとされています。

　Ｌは，客観的にみるとＫの業務上横領罪の実行を教唆したのですが，加減的身分である「業務者」の身分がないので「通常の刑」が科されます。「通常の刑」とは，身分のない人に科すべき刑だと考えられますから，Ｌには252条の横領罪の刑が科されることになります。なお，加減的身分による身分犯は，**不真正身分犯**とよばれます。

● **もう一歩前へ**

　後半はとくにむずかしく，これだけでも，共犯のダンジョンは相当に手ごわいと思われたかもしれません。

　実は，この先にも，共犯と他の問題との複合的な論点が待っています。たとえば，過失犯の共犯や不作為犯の共犯といった問題がそうです。あるいは，窃盗を教唆したところ正犯が強盗を行ったときなど，共犯者間で認識のずれがある場合をどう処理するかという論点（共犯と錯誤）もあります。さらに，共同正犯のうちひとりに正当防衛（☞総論第8話）が認められるとき，他の共同正犯も正当防衛になるのか，といった問題も議論されています。

　いわば，さまざまな刑法上の問題への解答は，共犯の場面でもう一度，審問を受けるのです。その意味でも，共犯は挑戦しがいのある領域だといえるでしょう。興味のある人は，ぜひ学習を進めて，込み入った結び目を解く学びの楽しさを体験してみてください。

コラム②　刑法の目的と機能

1　国家による利益侵害？

　刑法は，どんな行為が犯罪になるか，そして，その罪を犯した人をどう処罰するかを定めています。死刑は生命，懲役は自由，罰金は財産というように，刑罰とは，いってみれば，一方で憲法によって保障されている基本的な利益を，他方で同じ憲法にもとづく国の権力が侵害するものです。

　民法上も，ルールを守らせるために国の強制が認められることがあります。たとえば，返すべき借金を返させる場合のように，本来あるべき状態を実現する措置です。そのように役に立つのなら納得できますが，ドロボウを刑務所に入れても，それで盗まれた財産が戻るわけではなく，損得だけでみると，だれも得をしません。

2　刑法は何のためにあり，何の役に立つのか

　刑罰は，何の役に立つのでしょうか。

　すぐ思いつくのは，刑罰は人々の処罰感情を満足させる，ということです。しかし，人は，興奮して行きすぎたり，好き嫌いで不公平になったりしがちです。処罰感情を満足させるためだけでは，不合理な処罰になるおそれがあります。

　現在の刑法学は，刑法の目的を法益の保護と考え，刑法，あるいは刑法にもとづく刑罰の正当性を根拠づける重要な柱としています。法益とは，法が守ろうとする利益（人や社会や国の現状が悪化しないこと）を意味します。犯罪を処罰することによって，その後，同様の侵害が起きないようにすることにより法益が保護されるわけです。こうした刑法の犯罪防止のはたらきは，**犯罪の予防**といわれます。

3　犯罪予防から刑罰を考える

　犯罪の予防は，2つの方向から考えることができます。1つは，処罰された人ではない広く一般の人々にたいし犯罪をおこなわないようにしむけることで，これを一般予防といいます。もう1つは，処罰されたその人が次の犯罪をおこなわないようにすることで，これを特別予防といいます。

　一般予防は，犯罪者の処罰によって人々を犯罪抑止の方向に誘導できるという考えにもとづいています。たしかに，処罰を覚悟で決行する犯人に対しては，刑罰など意味がないでしょう。それでも，人は，ふつう苦痛を嫌い，刑罰をさけたいはずだから，犯罪者の処罰をみて行動をかえるだろうと期待するのです。

　他方，特別予防の考え方は，実際に刑罰の執行において重要な要素になっています。たとえば，懲役で刑務所に収容された場合，ふたたび犯罪に手をそめないように，規則正しい生活の習慣やお金を得るための技術を身につけさせるなど，受刑者の処遇がおこなわれています。

4　最終手段として，必要最小限の刑罰を

　このほか，刑法には，刑罰を適切にコントロールする役目もあります。刑罰制度の運用は，不当な人権侵害を引きおこさないようひかえめにすることが必要です（このことを刑法の謙抑性といいます）。民法や行政法による対応でたりるときは，刑罰は使われないのです（☞総論第2話）。刑法の基本原理もこの点に関連しています。たとえば，罪刑法定主義（☞総論第1話）は，「してはいけない」ことを決める反面で，それ以外を「してよい」と保証する意味をもちます。また，行為者が法益侵害を制御できるときにかぎって処罰する責任主義（☞総論第9話）も，処罰の範囲を限定する原理です。

コラム③ 犯罪の個数のお話し

1 罪数って何のこと？──おまとめしましょうか？

　犯罪は，1つだけとはかぎりません。1人の人間が，複数の犯罪をすることもあります。たとえば，窃盗の常習犯や薬物依存症の人は，何度も同じことを繰り返すでしょう。テロなどの無差別殺傷事件では，一度に多数の人間が殺されることもあります。これらの犯罪は，どのようにカウントするのでしょうか。2つ以上の犯罪が成立するとして，別々に刑罰を決めて合算するのでしょうか，それとも，1つにまとめるのでしょうか。

　日常のお買い物では，まとめ買いで「オトク」になります。同じように，複数の犯罪を合わせれば，刑が軽くなるのでしょうか。たとえば，窃盗罪（10年以下の懲役または50万円以下の罰金。235条）と暴行罪（2年以下の懲役もしくは30万円以下の罰金または拘留もしくは科料。208条）は，単純な足し算では，12年以下の懲役となります。しかし，まとめて強盗罪（236条）になれば，5年以上20年以下の懲役と重くなります（上限は20年。12条）。強盗は1個の罪であるため（これは単純一罪とよばれます），別々の行為には分割できないのです。

　また，見かけ上は別々の行為であっても，常習犯の場合には，最初から複数回の行為を予定するため，まとめて1個の犯罪となります（たとえば，186条1項の常習賭博罪）。あるいは，相手をナイフで刺し殺すとき，被害者の衣服に穴が開いても，殺人罪とは別に，器物損壊罪（261条）に問われることはありません。暴行から傷害に発展したならば，傷害罪（204条）だけで処罰されます。これらは包括一罪という形でまとめます。さらに，窃盗犯人が盗んだ物を売り飛ばしても，盗品等に関する罪（256条）は成立しません。こうした場合は，（直接に処罰されない点で）不可罰的事後行為とか，（窃盗罪で共に処罰される行為という意味で）共罰的事後行為とよばれます。

2　まとめて処理するとき

　そのほかにも，複数の犯罪の間で特別な関係があるとき，数個の犯罪をまとめて処理することがあります（これを科刑上一罪といいます）。「一石二鳥」ということわざをご存知でしょうか。たとえば，1個の手投げ爆弾で2人を同時に殺した場合のように，表見上は1個の行為であっても，刑法上は数個の犯罪にあたる場合，全部をまとめて処理します（これは観念的競合といいます）。また，「空き巣」とよばれる住居侵入窃盗では，住居侵入罪と窃盗罪の強い結びつきを考慮して（これを牽連犯とよびます），便宜上「まとめて」処理することがあります（54条）。

　最後に，まったく別個の犯罪であっても，これを1回の刑事裁判で審理するときは（これを併合罪といいます。45条以下），単純に足し算をするのでなく，一部でディスカウント（割引）があります。たとえば，殺人罪の犯人が死刑になるとき，それ以外の罪を犯していても，さらに懲役刑を科することはありません。また，窃盗罪と詐欺罪（10年以下の懲役。246条）の両方を犯したとき，単純に合算すれば20年以下の懲役（または50万円以下の罰金）となりますが，併合罪になると，まとめて15年以下の懲役となります。どちらか重い方の法定刑（10年以下の懲役刑）を1.5倍にしてすませるのです（47条）。

　なぜ刑罰を「まとめる」のでしょうか。その理由は，1人の人間がおこなった犯罪である以上，各犯罪を切り離してバラバラに評価するのでは，その人の悪質さや改善可能性を正しく見積もることができないからです。

第2編

各論

第 ❶ 話
殺人罪・堕胎罪・遺棄罪 「人」の生命を奪うとは?

登場人物は，司会者と，連続殺人鬼の A さん，ホスピスで延命治療をやめることで終末期の重症患者を死亡させた医師の B さんです。

司会

> まず，A さんは，連続殺人事件の容疑で逮捕されましたが，なぜ人殺しをくり返したのですか。

A

> ぼくは，苦痛にみちた人生から被害者を解放してやっただけだ。そもそも，なぜ人を殺しちゃいけないんだ。世界中で戦争はたえないし，自殺する奴も多いじゃないか。

司会

> B さんは，医師として当然の処置だったといわれますが，それは社会的に許される行為でしょうか。

B

> 私は，末期の患者さんから頼まれたり，その家族から懇願された（一生懸命，誠意をこめて頼まれた）のでやっただけです。延命治療を中止しただけでなく，呼吸を停止させる薬を飲ませたこともありますが，医師として正当な行為をしたと考えています。そんなことよりも，毎年，親から虐待されて死ぬ子どもを助けることを考えたら，どうですか?

1. 殺人罪と堕胎罪と死体損壊罪

人間にとって最も重要な生命を奪う犯罪として，殺人の罪（199 条〜

203 条）のほか，妊娠中絶を含む堕胎の罪（212 条〜216 条）があります。殺人の罪は，（出生後の）人の生命を奪う行為であるのにたいして，堕胎の罪は，（出生前の）胎児の生命を侵害する行為です。そのため，殺人の罪（死刑又は無期若しくは 5 年以上の懲役）と堕胎の罪（たとえば，212 条では 1 年以下の懲役）では，刑罰の重さがまったく違います。また，殺人の罪は，未遂（203 条）や予備（201 条）も処罰されます（☞総論第 11 話）。

> 第 199 条（殺人）
> 人を殺した者は，死刑又は無期若しくは 5 年以上の懲役に処する。

　では，いつから殺人罪の「人」になるのでしょうか。いいかえれば，「出生」の時期はいつかですが，学者のなかには，陣痛の開始時と考える人，胎児の一部または全部が母体から露出した（外に出た）時点とみる人がいます。
　他方で，すでに死んだ人（死体・遺体）をバラバラに切断したり，山奥に捨てるような行為は，**死体損壊罪**（死体遺棄罪→190 条）になります。刑法上の「死体」となる時期をめぐっても，すでに脳死の時点で死体になるのか，心臓死の時点まで待つべきではないか，さらに，それ以外の事実も考慮しようとするなど，意見が対立しています。

2. 子（胎児）殺しと，脳死体からの臓器摘出

　たとえば，むちゃな運転をして市バスと衝突したため，そのバスに乗っていた妊婦にショックを与えた結果，お腹の中の赤ちゃんが死んでしまった場合は，どうなるでしょうか。この場合，1 で説明したところでは，堕胎罪にしかならないように思えます。しかし，母体内にいる胎児に重大な影響を与えて，最終的には，出生後の赤ちゃん（刑法上の「人」）が死んでいます。そのような事情から，最初に母体の一部（であ

った胎児）を攻撃することで（出生後に）死亡させたと考えて，**業務上過失致死罪**（211条前段）を認めた判例もあります。

ただ，お腹の中の胎児が「これから人になる」としても，攻撃の時点では，まだ生まれていません。なるほど，出生してから死んだと考えるならば，その時点では刑法上の「人」といえるので，業務上過失致死罪になるともいえます。しかし，これでは，条文の解釈としては無理があります。殺人罪と堕胎罪の境界があいまいになってしまうからです。

他方，刑法上の「人」でなくなる時期，人の死亡する時期についてはどうでしょうか。生前の意思表示や家族の同意を条件として，例外的に「脳死体」からの臓器を摘出することが認められています（臓器移植6条）。しかし，通常は，呼吸・脈拍の停止や瞳孔の散大などを含めて総合的に判断することになります。その意味では，脳死や心臓死も，人の死をしめす（1つの）兆候にすぎないことになります。

3．なぜ人を殺してはいけないの？

そもそも，なぜ人殺しは犯罪になるのでしょうか？　たとえば，突然に暴漢から切りつけられたとき，自分や自分の家族のほか，無関係の他人を助けるため，その暴漢を殺傷（殺したり傷つけたり）しても，刑法上は**正当防衛**となるため，犯罪にはなりません（☞総論第8話）。また，戦争という極限状況では，多くの敵兵を殺害した兵士が，英雄として表彰されることさえあります。死刑に反対する人々は，「生命は，どんな場合にも絶対的に尊重されるべきだ」といいますが，正当防衛によってやむをえず殺すことも，許さないのでしょうか。「他人を殺すよりも，自分が殺されるのを選ぶ」という人がいるかもしれませんが，宗教または道徳としてはともかく，こうした考え方は，もはや法律の議論とはいえません。法律上は，「なぜ人を殺してはいけないのか？」でなく，「どのような場合に人を殺してはならないか？」を問うべきです。

4. いろいろな殺し方があります

それでは，どのような場合に，一般の人が考える「人殺し」が，刑法の殺人罪（199条）になるのでしょうか。つまり，どのような殺し方が禁じられるかです（☞総論第3話）。**正当防衛や緊急避難**はもちろん（☞総論第8話），たとえ死刑の執行でも，外見上は「人を殺した」ことになりますから，殺人罪の構成要件に該当します（☞総論第2話）。ところが，死刑の執行や正当防衛などにはなりませんが，実際には人が死んでいる場合にも，およそ殺人罪にならない場合があります。たとえば，人を呪い殺したり，落雷による感電死を期待してゴルフ場に送り出して死なせたとき，たとえ実際に人が死んでいても，殺人の実行行為といえません。そこでは，普通の人がみて「人殺し」というだけの実態がないからです。いいかえれば，犯人の行為には，普通の人がみて「他人の生命を奪うだけの（現実的な）危険性」がなければなりません。

5. 作為，不作為（見殺し），間接正犯

具体的には，ナイフで被害者の心臓を刺したり，ピストルで頭をねらって撃ったりするほか，毒入りのコーヒーを飲ませる方法などが考えられます。しかし，このような**作為犯**だけでなく，積極的な作為をしない不作為の場合にも，殺人罪となる場合があります（☞総論第5話）。Bさんは，重症患者の延命治療を停止しましたが，これは治療する（作為）義務をはたさずに患者を死なせた点で，**不作為**の殺人罪となる可能性があります。同じように，重病人の面倒をみている介護者が，病状の悪化を放置して死なせた場合には，具体的な事情に応じて，殺人罪のほか，あとで説明（☞10）する**保護責任者遺棄罪**（218条）や**保護責任者遺棄致死罪**（219条），業務上過失致死罪（211条前段）が成立することもあります。

これにたいして，被害者を崖っぷちに追いつめて飛び降りさせた場合，ここでは，被害者自身の行為を利用しているといえます。つまり，自殺者の飛び降りを放置したという不作為でなく，（積極的に）被害者に飛び降りるように強制したならば，作為による殺人となります（☞総論第 12 話）。また，医師が毒薬であることを隠し，必要な点滴であるとウソをついて，看護師に毒薬を投与させた場合，看護師という「事情を知らない道具」を使った殺人罪の**間接正犯**（☞総論第 12 話）になるでしょう。

6．生命は自由に処分できるか？

　もちろん，連続殺人鬼の A さんが人を殺した理由は，身勝手な思い込みによるものです。他人の生命を奪うことに何ら正当な根拠はありません。たとえ苦痛にみちた人生であっても，生きるか死ぬかを決定するのは，あくまで本人だからです。それでは，本人が「自分の人生を終わりにしたい」と願ったとき，その意思にしたがうべきでしょうか。つまり，自分の生命を放棄する自由（自由に死ぬ権利）は認められるのでしょうか。もし担当医の B さんが，がん患者を末期の激痛から解放してやったとすれば，はたして犯罪になるのでしょうか。現在の日本では，なかなか**安楽死**が認められません。したがって，担当医が患者から頼まれて毒薬を与えたときも，依頼または承諾による**同意殺人罪**（202 条後段）になります（9 参照）。

7．自殺を助けることも違法となる？

　かりに自分の手で「殺した」という事実がなくても，自殺を勧めたり，自殺の手段・方法を教えれば，**自殺関与罪**（202 条前段）で処罰されます（条文は，9 参照）。それでは，人間が自由意思で死ぬことも，違

法な行為となるでしょうか。人間には「生きる権利」がありますが，「死を選択する権利」はないのでしょうか。自殺を勧めたり，自殺を助ける行為がなぜ処罰されるかは，どうして「自殺はダメなのか」の問題と関連してきます。それは，「なぜ人は生きねばならないか」，「何のために人は生きるのか」という根源的なテーマにも結び付きます。人間がいつかは死ぬ存在であり，死んでしまえば，その目的や意味も失われる以上，こうした問いには「答え」がありません。むしろ，「どうすれば充実した人生をおくることができるか」が重要であって，自殺願望は，そうした希望を失ったときに生じるのでしょう。

8. 自殺関与罪と被害者の意思

　刑法上，自殺は犯罪ではありませんが，まったく適法な行為になるわけでもありません。人間の生命がその人のもの（所有）である以上，被害者の意思を尊重するとしても，他人の自殺を奨励する（勧める）ことまでは認めていないからです。そもそも，刑法という法律は，国家と個人の関係を定めた「公法」に属するため，個人の意思だけで犯罪の成否が決まるわけではありません。かりに例外的に安楽死や尊厳死を認めるとしても，実際の裁判では，厳しいハードルが設けられています。したがって，患者に毒薬を投与して殺害する行為は，たとえ患者本人の意思にしたがっていても，同意殺人罪となります。まして家族の依頼だけでは，被害者の同意がないので，同意殺人罪ではなく，199条の殺人罪になるでしょう。とはいえ，延命治療を停止する場合，患者本人が治療を拒絶して（断って）いたら，強制的に延命治療を続けることはできず，治療を止めた医師を，不作為の殺人とみるのはむずかしいでしょう。

9. 子（胎児）殺しと児童虐待

　Ｂさんには，明確な殺意がありますし，客観的にみても被害者の生命を奪うだけの行為をしています。したがって，同意（嘱託と承諾の２種類があります）殺人罪が成立するでしょう。

> 第202条（自殺関与及び同意殺人）
> 　人を教唆し若しくは幇助して自殺させ，又は人をその嘱託を受け若しくはその承諾を得て殺した者は，6月以上7年以下の懲役又は禁錮に処する。

　もっとも，例外的に違法性（☞総論第8話）や責任（☞総論第9話）を阻却（否定）する事情がある場合はともかく，本人が真剣に死を望んでいたというだけでは，安楽死は許されません。他方，被害者が胎児の場合には，両親の同意だけで広く人工妊娠中絶（堕胎の一種）が認められています（母体保護14条）。つまり，死にたくても自由に死ねない人間がいる一方，周囲の人間の都合で「子（胎児）殺し」を公認しているわけです。この点では，生命にも優劣があるようにみえます。現在，児童虐待で多くの子どもが殺されていますが，児童相談所や教育委員会は，真剣に子どもを守ろうとしているのでしょうか。Ｂさんは，こうした現状に強い憤りをいだいているようです。

10. いわゆる「見殺し」と遺棄（致死）罪

　近年，親権者などによる児童虐待が増加するにともない，身体的虐待や性的虐待とならんで，いわゆるネグレクト（保護義務をはたさないこと）が社会問題になっています。たとえば，育児放棄や置去りは，保護義務をおこたった「遺棄の罪（217条～219条）」にあたるでしょう。

第217条 (遺棄)
老年, 幼年, 身体障害又は疾病のために扶助を必要とする者を遺棄した者
は, 1年以下の懲役に処する。

第218条 (保護責任者遺棄等)
老年者, 幼年者, 身体障害者又は病者を保護する責任のある者がこれらの者
を遺棄し, 又はその生存に必要な保護をしなかったときは, 3月以上5年以下
の懲役に処する。

第219条 (遺棄等致死傷)
前2条〔217条・218条〕の罪を犯し, よって人を死傷させた者は, 傷害の罪
と比較して, 重い刑により処断する。

　遺棄の罪には, **単純遺棄罪** (217条), **保護責任者遺棄罪** (218条),
これらの致死傷罪 (219条) があり, いずれも被害者の生命・身体を危
険にさらす行為とされます (生命にたいする**危険犯**です)。ここでは, 乳
幼児のほか, 身体が不自由な高齢者や各種の障害者, 交通事故の負傷
者や泥酔者, 出産間近の妊婦も保護の対象となります。

　上に挙げた「遺棄」という概念は, **死体遺棄罪**でも使われています。
死体遺棄罪は, 死体にたいする人々の尊敬の念を保護しています。他
方, 生命にたいする危険犯である単純遺棄罪では, 1人で生きられない
弱者を危険な場所に移すことが必要であり (**移置**), 保護責任者遺棄罪
では, こうした移置に加えて, 危険な場所に放置すること (**置去り**) の
ほか, 保護責任者が自分の作為義務を履行 (実行) しない場合 (**不保護**)
も処罰されます。

第 ❷ 話
暴行罪・傷害罪

痛くなくても暴行罪？　ケガをしなくても傷害罪？

〈ある日の出来事〉

シシドくんは，最近，ワシオさんのことが気になりだし，ワシオさんとの距離をもっと縮めたいと考え，女の子をドキッとさせるためのテクニックを流行りの恋愛ドラマで勉強し，女の子は「頭ポンポン」や「壁ドン」に弱いらしい（？）ということを学びました。

ある日，ワシオさんがゼミの報告がうまくいかずに落ち込んでいると，シシドくんは，「ワシオさんがいつもガンバってるの，ボクはちゃんと知ってるよ」といいながら，さりげなくワシオさんの頭をやさしくポンポンとたたきました。ワシオさんは，「うん，ありがとう」といいましたが，その表情はどこかビミョーな感じでした。

また，ある日，シシドくんは，ゼミが終わった後，ワシオさんとしばらく2人で話し込んでいて，ワシオさんが，「あ，もうこんな時間。帰らなきゃ」というと，ワシオさんの行く手をさえぎるように右手をのばし，その手で近くの壁をドンとつき，「もっとワシオさんと一緒にいたいな」といいました。ところが，ワシオさんは，「ごめん，これからバイトなんで急いでるの。またね」といって，そそくさと帰ってしまいました。

それからというもの，ワシオさんは，どこかよそよそしく，まるで，シシドくんのことをさけているようでした。

シシドくんは，「おかしいな？　もしかして作戦失敗かな？　この手のことについてはあまり頼りにならなそうだけど，オカベ先生に相談してみようかな……」と思い，オカベ先生の研究室をおとずれました。

1．プロローグ

シ：先生，こんにちは。今日は"恋"についてききたいんですけど。

オ：えっ，"故意"だって？　それなら，ボクよりもミナミ先生の方がくわしいんじゃないかな（☞総論第6話）。

シ：ちがいますよ！　刑法の話じゃなくて，Love の方の"恋"ですよ！

オ：ああ，そっち!?　どっちにしても，ミナミ先生にきいてもらった方がいいような……。ていうか，うちのゼミは通称「OKB48」だから，恋愛は禁止だよ。という冗談はさておき，どうしたの？

シ：実は，かくかくしかじかでして……。

オ：なるほどね。ていうか，それ，場合によっては犯罪になっちゃうかもしれないから，気をつけた方がいいよ。

シ：えっ，どういうことですか？　ボクみたいなキモメンがそんなことするのは犯罪的だって意味ですか？

2．暴行罪について

オ：いやいや，そういう意味じゃなくて，キミのやったことは，もしかしたら暴行罪にあたるかもしれないってことだよ。そこにあるポケット六法で，刑法の208条をみてごらん。

シ：「暴行を加えた者が人を傷害するに至らなかったときは，2年以下の懲役若しくは30万円以下の罰金又は拘留若しくは科料に処する」とありますね。ちょっとまってください！　ボクがワシオさんのことをなぐったりけったりするわけないじゃないですか！　ていうか，先生，ボクの話，ちゃんと聞いてました？

3. 暴行の概念

オ：もちろん，ちゃんと聞いてたよ。ワシオさんの頭をポンポンとやって，壁をドンとやったんだろう？　その行為が問題なんだよ。

シ：えっ，どういうことですか？　暴行って，普通，人をなぐったりけったりするようなことをいうんじゃないんですか？　頭をポンポンなんて痛くもないし，壁をドンだって直接はワシオさんにあたってないんだから，暴行なんかじゃないですよね？

オ：暴行罪にいう暴行は，人の身体にたいする物理力の行使と定義されてるんだ（☞各論コラム「暴行にもいろいろ」）。なぐったりけったりすることはもちろん，頭や顔に塩をふりかけることや，耳元で大太鼓を打ち鳴らすなんてことが暴行とされたケースもあるんだよ。

シ：え，塩をふりかけただけでもですか！？　太鼓というのも，バチでなぐったわけでもないのに，どうして暴行なんですか？

オ：暴行というのは，さっきもいったとおり，物理力の行使のことなんだけど，これには，暴力の行使だけじゃなくて，音，光，熱，冷気などによる身体にたいする作用も含まれるとされてるんだよ。

シ：へぇ～。そうすると，たしかに頭を軽くポンポンするだけでも，暴行罪が成立することもありそうですね。

オ：まあ，犯罪というのは，その行為が，ただ形式的に条文にあてはまるだけじゃなく，それが実際に刑罰を科すに値する行為かどうか，つまり，可罰的違法行為かどうかも重要だから，さすがに今回のケースだと，それだけのことで暴行罪とされることはないだろうけどね。

4. 身体への接触の要否

シ：なるほど。じゃあ，壁ドンの方はどうですか？　人の身体にたいす

る物理力の行使じゃなくて，壁にたいする物理力の行使なんだから，暴行にはあたらないんじゃないですか？

オ：物理力の行使は，人の身体に接触する必要はないとされてるんだ。だから，相手をおどろかそうとしてその人の数歩手前をねらって石を投げる行為も暴行だし，せまい4畳半の室内で相手をおどすために日本刀をふり回す行為なんていうのも暴行だとされているよ。

5．被害者の同意

シ：なるほど。そうすると，頭ポンポンも壁ドンも犯罪になる可能性があるってことですね。でも，ドラマとかでもよくやってるのをみるし，実際，それでうまくいったりすることだってあるのに，そういうことをしたら，つねに犯罪になる可能性があるんですか？

オ：まあ，それでうまくいくのは，所詮，ドラマの中での話だからね。というのはさておき，今回の暴行のような，構成要件に該当する行為，つまり，「そのような行為は，原則，犯罪だと推定しますよ」という行為でも，被害者がその行為をされることに**同意**してる場合には，その行為は例外的に違法ではない，つまり，法的に許されていることになって，犯罪とはならないんだよ。なぜなら，「**犯罪とは，構成要件に該当する，違法かつ有責な行為である**」と定義されていて（☞総論第2話），この場合には，同意によって，そのうちの違法性が欠けるからなんだ（☞総論コラム①「**違法性阻却事由について整理しよう！**」）。だから，相手が「この人にだったら頭ポンポンされてもいい」とか「壁ドンされてもいい」と思ってる場合には，暴行罪は成立しないんだよ。

シ：知ってます。「ただし，イケメンにかぎる」ってやつですよね。

6. 傷害罪について

シ：とにかく，この作戦は失敗だったってことですよね。こうなったら，電話をかけまくったり，メッセージを送りまくったりとかして，積極的にアプローチしていくしかないですね。

オ：ちょっと待った！　それが行き過ぎると，「ストーカー行為等の規制等に関する法律」に引っかかる可能性がある上に，もしそのことが原因となって，ワシオさんが精神的なストレスから病気になったりとかしたら，今度は**傷害罪**になっちゃう可能性があるから，くれぐれも気をつけてね。

シ：なんでボクが積極的にアプローチしたらワシオさんが病気になることが前提なんですか!?　先生，マジひどいっス！

7. 傷害の概念

シ：ていうか，傷害って，人にケガをさせることじゃないんですか？　人を病気にさせることも傷害なんですか？　暴行もしてないのに？

オ：まず，204条をみてみようか。そこには，「人の身体を傷害した者は，15年以下の懲役又は50万円以下の罰金に処する」とあるよね。この**傷害**とは何かについては，いろんな考え方があるんだけど，基本的に，**人の生活機能を害したり，健康状態を悪くさせたりすること**とされているんだ。だから，人を病気にさせることも，立派に傷害なんだよ。

シ：へぇ〜。ケガをさせることだけが傷害じゃないんですね。

オ：ちなみに，女性を無理やり丸坊主にしたらどうなると思う？

シ：昔から「髪は女の命」なんていわれたりしてるから，殺人罪とまではいかなくても，傷害罪くらいにはなるんじゃないですか？

オ：さっきの考え方にあてはめてみると，傷害とは，生活機能を害した

り，健康状態を悪くさせたりすることだから，この場合は，そのどちらにもあたらず，暴行罪が成立することになるんだよ。

シ：暴行罪にしかならないというのは，なんとなく納得いかない気もしますけど，さっきの考え方によれば，たしかにそうなりますね。

8. 暴行以外の方法による傷害

オ：うん。それから，傷害の手段にはとくに限定がないから，なぐったりけったりするような暴行以外の方法でも，人を傷害することができるとされてるんだよ。

シ：どんな方法があるんですか？　全然イメージがわかないなぁ……。

オ：たとえば，1年半にわたって，自宅から隣の家の人に向けて，精神的ストレスによって健康に障害を生じさせるかもしれないことをわかっていながら，連日連夜，ラジオの音声や目覚まし時計のアラーム音を大音量で鳴らし続けるなどして，相手に精神的ストレスを与えて，その人が慢性頭痛症などになってしまった，というケースについて，これは物理力の行使とまではいえないから暴行にはあたらないけれども，傷害罪の実行行為にはなるとされた例があるよ。こういう**無形的方法**による傷害もありうるんだ。

シ：あれ？　さっき，大太鼓を打ち鳴らすのは暴行だっていってませんでしたっけ？

オ：耳元で大太鼓を打ち鳴らすように，その音が人の身体にたいして直接的に物理的影響を与える場合は暴行にあたるんだけど，そうじゃない場合は無形的方法だとされてるんだよ。大太鼓の音が身体に直接"ドン"とひびくのは，バチでなぐられるのと同じように，人の身体にたいして直接的に物理力が行使されたといえるけど，大音量のアラーム音が頭にひびいてイライラがつのって病気になってしまうのは，目覚まし時計をなげつけられてケガをするのとちがって，

人の身体にたいして直接的に物理力が行使されたとはいわないだろ
　　う？

シ：なるほど。その傷害が暴行によるものかどうかを判断するには，人
　　の身体にたいして直接的な物理力が行使されたかどうかがポイント
　　だってことですね。

9. 暴行罪の結果的加重犯としての傷害罪

シ：あ〜あ。結局，恋はテクニックに走ってもダメってことですね。

オ：そうそう，"故意"といえば，傷害罪は，行為者に傷害の故意があ
　　る場合はもちろん，暴行の故意しかない場合にも成立するってこと
　　も覚えておいてね。

シ：えっ，どういうことですか？

オ：傷害罪の規定は，もちろん，相手を傷害する故意で行為した場合に
　　成立する，独立した故意犯についての規定でもあるんだけど，同時
　　に，暴行罪の**結果的加重犯**の規定でもあるんだよ。

シ：「けっかてきかじゅうはん」？

オ：これを「けっかてきかちょうはん」という人もいるんだけど，ま
　　あ，それはどっちでもいいんだ。これは，基本となる犯罪，つま
　　り，この場合だったら暴行罪だけど，その故意はあっても，そこか
　　ら生じたさらに重い結果，つまり，傷害の結果についてまでは故意
　　がなかった場合に，その重い結果についてまで責任を負う必要があ
　　るとされるもののことだよ。代表的なのは205条の**傷害致死罪**だ
　　けど，これが，「故意の傷害罪＋思わぬ死の結果」からなるのと同
　　じように，傷害罪は，「故意の暴行罪＋思わぬ傷害の結果」からな
　　る**結果的加重犯**でもあるんだ。

シ：なるほど。傷害罪の規定は，いわば「一人二役」なんですね。

10. 傷害罪の未遂犯としての暴行罪

オ：さらに，傷害罪には未遂（☞総論第11話）についての直接の規定が
　　ないんだけど，暴行罪の規定がその役割をになってるんだ。

シ：たしかに，刑法の条文をみても，傷害罪については，203条にある
　　ような「未遂罪」という規定が，どこにもみあたりませんね。

オ：そのかわり，208条が，「**暴行を加えた者が人を傷害するに至らな
　　かったとき**」が**暴行罪**だとしてるから，実質的に，暴行罪の規定が
　　傷害未遂についての規定ということになるんだよ。

シ：なるほど，「傷害未遂罪」という名前の犯罪はないんですね。

オ：ちなみに，「暴行未遂罪」という犯罪もないから注意してね。

11. エピローグ

シ：いやぁ，恋についてはまったく参考になりませんでしたけど，刑法
　　についてはいろいろ勉強になりました。犯罪にならないように，ワ
　　シオさんには，強引にではなく，誠意をもってアプローチしてみま
　　す！

オ：そうだね。キミの想いがワシオさんに届くことを，ボクも祈ってる
　　よ。

第 3 話

逮捕・監禁罪 相手が気づいてなくても監禁罪?

〈ある日の出来事〉

シシドくんは、オカベ先生に相談事があったので、アポなしで先生の研究室をおとずれました。研究室の電気はついているようだし、「在室」の札も出ていたので、「よかった。先生、研究室にいるみたいだな」と思いながら、研究室のドアをノックしました。しかし、反応がありません。「おかしいな。どっか行ってるのかな? ちょっとここで待ってみるか」と思い、シシドくんは、研究室の前でしばらく待ってみました。しかし、オカベ先生がもどってくる気配はありませんし、やはり、中に人のいる気配を感じます。「もしかしたら居留守かな? しかたない。あとでもう一度きてみるか」とあきらめたところで、シシドくんは、廊下の片隅に、ちょうど廊下の幅と同じくらいの棒があることに気づきました。「そうだ。これを研究室のドアの前に"つっかえ棒"として置いておいたら、先生、研究室から出られなくて、びっくりするんじゃないかな?」と、イタズラ心に火がついたシシドくんは、研究室のドアに"つっかえ棒"をして、そのまま立ち去ってしまいました。

しばらくして、シシドくんは、「先生、さすがに困ってるかもな。そろそろ"つっかえ棒"を外しに行くか」と思い、ふたたび研究室の前までやってきました。しかし、"つっかえ棒"はそのままになっていて、オカベ先生が出入りした形跡はありません。シシドくんは、"つっかえ棒"を外して、「先生、やっぱりいないのかな……?」と思いながら、研究室のドアをノックしました。すると、「は〜い」という返事とともにドアが開き、中からオカベ先生が出てきました。

1. プロローグ

オ：やあ，シシドくん。こんにちは。

シ：こんにちは。ていうか，先生，ずっと研究室にいました？

オ：うん，明日が締切の原稿があるもんだから，ここでずっとそれを書いてたよ。まあ，中にどうぞ。で，今日はどうしたの？

シ：えっ？　ボク，先生に相談事があったから，ちょっと前にここにきて，ドアをノックしたんですけど，気づきませんでした？　居留守を使われたのかと思って，イラっとしたから，イタズラで研究室のドアに"つっかえ棒"をして，先生が出られないようにしておいたんですけど，もしかして，それにも気づかなかったんですか？

2. 監禁罪とは

オ：おっと，それはごめんよ。集中していて全然気づかなかったよ。でも，ちょっと待った！　そうだとすると，キミのやったことは**監禁罪**という犯罪だよ。そこにあるポケット六法で，刑法の220条をみてごらん。

シ：「不法に人を逮捕し，又は監禁した者は，3月以上7年以下の懲役に処する」とありますね。えっ？　ボクのしたことは，この犯罪なんですか！？

オ：そういうことになりそうだね。

3. 監禁罪の保護法益

シ：ちょっと待ってください！　先生は，その間ずっと原稿に集中していて，外に出ようとはしなかったんですよね？　だったら，先生には何の不利益もなかったんだから，ボクのやったことは，犯罪って

ことにはならないんじゃないですか？

オ：監禁罪は，人の**身体の場所的移動の自由**が侵害されたときに成立する犯罪なんだ。いざ移動しようと思ったら実際に移動できない状態だったときに自由が侵害されたと考える，**現実的自由説**という見解にたてば，たしかにキミのいうとおりで，学説でもその見解は有力だね。でも，実際の事件では，もし移動しようと思ったらいつでも移動できる状態になっていなければ自由が侵害されていると判断されていて，この考え方を，**可能的自由説**というんだ。

ボクは，さっきまで原稿を書くことに集中していて，研究室の外に出ようとはしなかったわけだから，たしかに現実的には移動の自由が侵害されてなかったことになる。でも，もしかしたら，途中で研究室の外に出ようとしたかもしれないよね。そうしていたら，ドアには"つっかえ棒"がされていて，研究室の外には出ることができなかったわけだから，移動しようと思えばいつでも移動できるという，**可能的自由**が侵害されていたことになって，この見解からは，監禁罪が成立することになるんだよ。

4. 被害者が監禁状態を認識していなかった場合

シ：そうなんですね。でも，先生は自分が監禁の被害にあってることをそもそも認識してなかったんだから，やっぱり，監禁されたことにはならないんじゃないですか？

オ：キミのように，現実的自由説にたつ場合，監禁罪が成立するためには，被害者自身が監禁されてることを認識している必要があるから，キミがボクにたいしてやったことについても，監禁罪は成立しないだろうね。でも，可能的自由説にたつ場合，監禁罪が成立するためには，被害者自身が監禁されてることを認識している必要はないから，キミがボクにたいしてやったことについても，監禁罪が成

立することになるんだよ。

シ：ボクからすると，現実的自由説の方がありがたいですね。

オ：たしかにね。でも，現実的自由説にたつと，たとえば，被害者をなぐって気絶させてから閉じ込めるなんてことがおこなわれた場合，監禁罪の成立が認められないことになってしまうけど，その結論についてはどう思う？

シ：う～ん，それはちょっとモヤっとしますね。

5．被害者が移動する可能性のない場合

シ：とりあえず，被害者自身が監禁されてると認識してなくても，監禁罪が成立することがある，ってことはよくわかりました。

そうすると，そもそもそのような認識を持つことのない，生まれたばかりの赤ちゃんとかにも，監禁罪は成立するんですか？

オ：いや，「身体の場所的移動の自由」の前提として，監禁罪の客体となる人は，**身体的移動が可能でなければならず，かつ，移動する事実上の意思を持ち得る者**でなければならないとされてるから，自分では移動できない，生まれたばかりの赤ちゃんとかには，監禁罪は成立しないんだ。

6．監禁の手段

シ：もうひとつ，気になることがあるんで，きいてもいいですか？　監禁の手段として，今回のように，物理的に閉じ込めるんじゃなくて，たとえば，「この部屋から一歩も出るなよ。出たら殺すからな」みたいな感じで，カギをかけたりはせずに，相手の恐怖心を利用して外に出られなくするような場合にも，監禁罪は成立するんですか？

オ：監禁の手段は，脱出がまったく不可能でなくても，**著しく困難**であればいいとされていて，物理的な方法だけでなく，心理的に脱出を困難にする場合も含むとされてるんだ。実際，そのような場合について，監禁罪の成立が認められたケースもあるよ。

7. 逮捕と監禁の区別

シ：せっかくなんで，同じ 220 条にある**逮捕罪**についてもきいていいですか？　逮捕と監禁って，いったいどうちがうんですか？

オ：どっちも人の**身体の場所的移動の自由**を侵害するものだという点で共通してるけど，このふたつは，場所的移動の自由を侵害する行為がどのようなものであるか，つまり，その**行為態様**によって区別されるんだ。**監禁が，一定の場所からの脱出を著しく困難にして，場所的移動の自由を奪うことなのにたいして，逮捕は，人の身体を直接に拘束して，場所的移動の自由を奪うこと**をいうんだよ。たとえば，人を部屋の中に閉じ込めるなどして，そこから出られないようにするのが監禁で，人を羽交い締めにしたり縛ったりなどして，動けないようにするのが逮捕，といったらいいかな。

シ：けっこうビミョーなちがいなんですね。

オ：まあ，どっちも同じ条文で処罰されるし，人を逮捕して，引き続いて監禁した場合には，220 条の**包括一罪**（☞総論コラム③「犯罪の個数のお話」）となるから，さっきいったくらいの感じに理解しておいてもらえれば，それでいいんじゃないかな。

8. 逮捕・監禁致死傷罪

シ：この際なんで，221 条の**逮捕・監禁致死傷罪**についても教えてください。「前条の罪を犯し，よって人を死傷させた者は，傷害の罪

と比較して，重い刑により処断する」とありますけど，具体的には，どういう場合がこれにあたるんですか？

オ：これは，逮捕・監禁罪の**結果的加重犯**（☞各論第２話）で，死傷結果は，**逮捕・監禁の手段として用いた暴行・脅迫や，逮捕・監禁という事実から生じたもの**でなければならないんだ。逮捕・監禁の手段から生じたものとしては，逮捕時に被害者が転んでケガをしたとか，監禁しようとしたら被害者が抵抗してドアに指を挟んでケガをした場合なんかが考えられるかな。また，逮捕・監禁という事実から生じたものとしては，マンションの高層階に監禁された被害者が脱出しようとして転落死した場合なんかが考えられるね。

シ：ついでに，ここに出てくる，「傷害の罪と比較して，重い刑により処断する」っていうのがどういう意味か教えてください。

オ：この条文の場合だと，逮捕・監禁致傷なら，220条の逮捕・監禁罪の刑と，204条の傷害罪の刑をくらべて，また，逮捕・監禁致死なら，220条の逮捕・監禁罪の刑と，205条の傷害致死罪の刑をくらべて，それぞれの条文がもともと想定している刑の上限・下限ともに，より重い方の刑の枠内で処罰しますよ，っていう意味だよ。

具体的には，逮捕・監禁致傷だったら，ももととなる220条の刑は3月以上7年以下の懲役で，くらべられる204条の刑は1月以上15年以下の懲役または1万円以上50万円以下の罰金だから，その刑は3月以上15年以下の懲役，ってことになって，逮捕・監禁致死だったら，ももととなる220条の刑は3月以上7年以下の懲役で，くらべられる205条の刑は3年以上20年以下の有期懲役だから，その刑は3年以上20年以下の有期懲役，ってことになるんだ。

ちなみに，有期懲役の上限・下限は12条に，罰金の下限は15条に書いてあるから，六法で確認してみてね。

9. 略取・誘拐罪との関係

シ：ところで，監禁っていうと，誘拐事件のイメージがあるんですけど，誘拐と逮捕・監禁とは，どういう関係にあるんですか？

オ：誘拐については，224条以下に，その被害の対象となる客体や，犯人の目的ごとに，それぞれ規定があるんだけど，基本的なこととしては，そのための手段として，暴行・脅迫を用いて無理やりさらっていくような場合を**略取**，ダマしたり誘惑したりして連れていくような場合を**誘拐**といって，両者をあわせて**拐取**というんだ。
拐取罪は，人をそれまでの生活環境から引き離して，自己または第三者の実力支配内に移して行動の自由を奪う犯罪だから，たしかに逮捕・監禁罪とにてるよね。ただ，拐取罪の方は，自由の拘束の程度が，逮捕・監禁罪ほど強くなくていいから，「よかったらうちにおいでよ」といって，家出をしたがってる未成年の子を誘い出して，その子が自分の意思でそこまできて，むしろ自宅にいるより自由に生活できたとしても，その行為は，224条の未成年者誘拐罪にあたって，その人は，自由を与えてくれる「神」どころか，誘拐犯ってことになるんだ。

シ：もし，純粋に善意からそうしたとしても，それは犯罪なんですか？

オ：224条の未成年者略取・誘拐罪は，一般的に，略取・誘拐された未成年者本人の自由だけでなく，その親権者などの保護・監護権をも保護法益とするものだとされてるから，そのような場合でも，親権者から被害を訴えられたらアウトだね。それと，拐取罪の場合，生まれたばかりの赤ちゃんのように，行動の自由がまったくない者も客体となるのも，逮捕・監禁罪とはちがうところだよ。

シ：ちなみに，誘拐したあと，それに引き続いて監禁がおこなわれた場合にはどうなるんですか？

オ：たとえば，さっきの家出のケースで，その子を誘い出したあと，そ

の子の自由を拘束すれば，まさにその場合にあたるね。この場合，誘拐罪と監禁罪は，**併合罪**（☞総論コラム③「犯罪の個数のお話し」）として処理されるよ。

10. エピローグ

シ：今日も刑法についていろいろ勉強になりました。でも，ボク，今度こそ犯罪者になっちゃったってことですよね……。先生，ちゃんとあやまりますから，どうか，ここはひとつ穏便に！

オ：あははっ，シシドくん，安心しなよ。この部屋のドアは内開きだから，廊下のドアの前に"つっかえ棒"を置いたところで，ボクは普通に外に出られたんだよ。つまり，キミのやったことは**不能犯**（☞総論第3話）で，犯罪にはあたらないよ。ていうか，さっきこの部屋に入るときに気づかなかった？

シ：あれっ！？　そういえば……。

第 **4** 話
性犯罪（せいはんざい）　性的な自由を守るために

---

1. ある日の国会における審議

　性犯罪の主な例が，**強制性交等罪**（きょうせいせいこうとうざい）（177条。以前は**強姦罪**（ごうかん）という罪名でした），**強制わいせつ罪**（きょうせい）（176条）です。これらの性犯罪を規定する条文が守っているのは，私たちの**性的自由**（せいてきじゆう）や**性的自己決定権**（せいてきじこけっていけん）だと考えられてきました。つまり，私たちは，だれと，いつ，どのような内容の性的な行為をするのかということについて自身で自由に決めること（自己決定）ができるのです。このような自由・権利をどのように保護すべきなのかということについて，最近では活発に議論がなされています。国会でも**審議**（しんぎ）が行われているようですので，少しのぞいてみましょう。

議長　それでは，次の性犯罪に関する審議に移ります。A議員，提案をお願いします。

A議員　最近の社会における性のあり方の変化を踏（ふ）まえると，性犯罪をもっと広く，重く処罰（しょばつ）しなければなりません。

議長　参考人として，性犯罪の被害者団体の代表であるBさん，ご意見どうぞ。

B代表　性犯罪の被害者は，被害を受けたことにショックを受け，警察に行くことができずにいることが多い状況です。性犯罪の刑罰をさらに重くして，性犯罪の重大性を社会に強くアピールすれば，性犯罪の予防や被害者保護につながると思います。

議長

ありがとうございました。次にC教授，ご意見願います。

C教授

たしかに性犯罪は重大な犯罪です。しかし，ただ刑罰を重くするというだけでは問題は解決しません。性犯罪の被害を受けた人のために相談窓口を充実させるといったサポートが必要です。さらに，子どもたちを性犯罪から守るために，学校，警察をはじめとして社会全体の連携が必要です。このようにより広い視野で性犯罪対策が検討されるべきだと思います。

*以上の国会の審議は実際のものとは関係ありません。

2．性的自由を保護する罪

強制わいせつ罪

第176条（強制わいせつ）
13歳以上の者に対し，暴行又は脅迫を用いてわいせつな行為をした者は，6月以上10年以下の懲役に処する。13歳未満の者に対し，わいせつな行為をした者も，同様とする。

176条の強制わいせつ罪における「わいせつな行為」とは，177条の性交等以外の性的な行為をさします。たとえば，相手が嫌がっているのに，無理やりキスをしたり，下着の中に手を入れて陰部を直接さわるような行為があげられます。では，同意を得ずに人の手や肩にさわる行為は強制わいせつ罪にあたるでしょうか。たしかに，知らない人から身体をさわられるのは嫌ですよね。しかし，手や肩にふれるというだけで「性的な被害」を受けたとはいえません。そのため，こういった行為を強制わいせつ罪における**わいせつ行為**だということはできません（ただ

し，暴行罪〔208 条☞各論第 2 話〕や強要罪〔223 条〕の成立可能性はあります）。

わいせつ行為かどうかの判断にさいしては，被害者がどう感じるかというだけではなく，社会的な常識が考慮に入れられます。裁判所は「いたずらに性欲を興奮・刺激させ，かつ，普通人の正常な性的羞恥心を害する」かどうかを判断基準としています。

強制性交等の罪

> 第 177 条（強制性交等）
> 13 歳以上の者に対し，暴行又は脅迫を用いて性交，肛門性交又は口腔性交（以下「性交等」という。）をした者は，強制性交等の罪とし，5 年以上の有期懲役に処する。13 歳未満の者に対し，性交等をした者も，同様とする。

最近では，性は男と女だけではなく，多様であることについて社会的な理解が進んできました。そのような観点から，**強制性交等罪**の条文には「者」と規定され，被害者は女性に限定されていません。また，多様な行為が想定されることから**性交等**と規定しています。この性交等の典型例としては，男性器を被害者の身体の中に入れることがあげられます。

暴行・脅迫を用いて

強制わいせつ罪や強制性交等罪の条文をみると，「暴行又は脅迫を用いて」と書いてあります。このことから，これらの罪は，たとえば，なぐったり，おどしたりすることによって，被害者が反抗することを非常にむずかしい状況にしたうえで，被害者の意思に反して，わいせつ行為や性交等を行う罪だと理解されています。

3. 準強制わいせつ・準強制性交等罪

> 第178条（準強制わいせつ及び準強制性交等罪）
> ①人の心神喪失若しくは抗拒不能に乗じ，又は心神を喪失させ，若しくは抗拒不能にさせて，わいせつな行為をした者は，第176条の例による。
> ②人の心神喪失若しくは抗拒不能に乗じ，又は心神を喪失させ，若しくは抗拒不能にさせて，性交等をした者は，前条〔177条〕の例による。

　前述（☞2）のように，強制わいせつ罪や強制性交等罪の場合は，「暴行又は脅迫を用いて」被害者に無理やり性的な行為をさせることを内容としています。それにたいして，**準強制わいせつ・準強制性交等罪**は，心神喪失や抗拒不能といった，すでに被害者が抵抗できなくなっている状況を利用しておこなう性犯罪です。心神喪失とは，被害者がすでに失神・睡眠・泥酔などのために，自分が性的な被害を受けていることを認識できず，反抗することができない，あるいは，非常に反抗が困難な状態にある場合で，抗拒不能は，自分が性的被害を受けている認識はあるが，手足をしばられたり，恐怖を感じて，物理的あるいは心理的に反抗できない，あるいは非常に反抗が困難な状態にある場合を指します。

4. 青少年にたいする性犯罪

13歳未満の児童

　以上では13歳以上の人に対する性犯罪を説明してきました。それ以外にも，児童にたいする性犯罪については特別な規定があります。

　まず，13歳未満の児童にわいせつ行為や性交等をおこなった場合は，前に出てきた176条と177条の後半に規定されています。条文の前半と比較するとわかりますが，「暴行又は脅迫を用いて」とは書かれていません。このことから，13歳未満の児童の場合は，児童が同意し

ていたとしても，強制わいせつ・強制性交等罪となります。これは，ま
だ性的な行為の意味を十分に理解することができない児童をよりあつく
保護することが目的とされています。

監護者わいせつ・性交等

第179条（監護者わいせつ及び性交等）
①18歳未満の者に対し，その者を現に監護する者であることによる影響力が
あることに乗じてわいせつな行為をした者は，第176条の例による。
②18歳未満の者に対し，その者を現に監護する者であることによる影響力が
あることに乗じて性交等をした者は，第177条の例による。

さらに，13歳以上18歳未満の青少年が被害者になる場合について
特別の規定があります。それが，179条の**監護者わいせつ・性交等罪**
です。「現に監護する者」（監護者）とは，18歳未満の被害者を保護す
る立場にいる人を指しますが，典型例は親だということになります。

本来なら保護してくれるはずの親から性的虐待を長年受けてきた被
害者は，あきらめ等の気持ちから，暴行や脅迫を受けなくても，性的な
行為に同意してしまうことがあります。そのため，179条には「暴行
又は脅迫を用いて」ではなく，「影響力があることに乗じて」と規定さ
れています。18歳未満の青少年は，普通は親に経済的，精神的に支え
てもらわないと生活することは困難です。このような状況にある被害者
にたいする影響力を利用して性的な行為を行う監護者を処罰すること
としています。

5. 性犯罪対策のために

性犯罪被害にたいしては，犯人を処罰するというだけではなく，それ
以外の方法にも目を向けてみることも重要です。たとえば，被害者相談
窓口を充実させるなどによって，性被害を警察により報告しやすい環境

を整えるといったことも被害者保護にとっては必要だといえます。また，子どもの性被害を未然に防止するためには，学校や児童相談所と警察・役所との連携を強化することも必要でしょう。性犯罪対策のためにより広い視野が求められています。ぜひ，みなさんも考えてみてください。

● もう一歩前へ

性犯罪について，ここまでは刑法の罪をみてきました。しかし，性犯罪はそれだけではありません。たとえば，電車で，衣服の上から尻を触るといった痴漢行為は，通常は，都道府県ごとに定められている**迷惑防止条例**によって処罰されるのが通例です。

ほかにも，子どもたちを性犯罪からよりあつく保護するために，特別な法律・条例が制定されています。児童（18歳未満）と性的な行為をおこなった大人を処罰する規定が，**児童福祉法**や，各都道府県や市町村のいわゆる**青少年保護育成条例**にあります。また，児童を自らの性的な対象として利用する悪質な行為として，児童にお金を渡して性的な行為をする場合（**児童買春**）や，**児童ポルノ**の製造・販売・所持などを処罰する特別な法律もあります。以上の児童を保護する特別な規定については，次の**各論第5話**でくわしく説明します。

第 **5** 話

わいせつにかんする罪　わいせつから社会を守る

1. 社会の利益とは？

社会を守るために規定された罪

　強制わいせつ罪（176条）や強制性交等罪（177条）といった性犯罪の場合には，無理やり性行為をさせられることによって被害を受ける「個人」が存在します（☞**各論第4話**）。つまり，これらの性犯罪にかんする規定は個人の自由や権利を保護しているということになります（個人的法益にたいする罪）。それにたいして，同じように「性」にかんする罪であっても，**公然わいせつ罪**（174条）や**わいせつ物頒布等の罪**（175条）は，「社会」の利益を守るために規定されています（社会的法益に対する罪）。これらの罪で守ろうとする社会の利益とは，よりくわしくいうと，社会の**性秩序**だといわれます。

性秩序とは？

　この性秩序とはどのようなものでしょうか。たとえば，公園や駅のように，多くの人の目にふれるような場所で，過激な性行為が，かくすことなく，堂々とおこなわれるのはいやだと思う人もいますよね。そのため，社会では，性行為は多くの人の前で公然とおこなわれるべきではなく，また，性器そのものや性交をしている場面が見えるような写真や映像を多くの人に公開したり，販売したりすることも，ひかえるべきだと考えられています。つまり，社会の人々が安心して生活できるように，「性生活に関する健全な秩序」を守る必要があるとされています。このような考え方にしたがって，公然わいせつ罪やわいせつ物頒布等の罪が規定されています。

　以下では，このような性にかんする社会の利益を守るために規定され

ている犯罪をご紹介したいと思います。

2. わいせつ物頒布等の罪

図画を頒布した

Xは、AとBという2人の俳優が性交をおこなっている姿や、2人の性器が見えている場面を撮影して、無修正のままで写真集を作成し、不特定、多数の人に販売した。

Case1のXの行為については、175条の**わいせつ物頒布等の罪**が成立する可能性があります。

第175条（わいせつ物頒布等）
①わいせつな文書、図画、電磁的記録に係る記録媒体その他の物を頒布し、又は公然と陳列した者は、2年以下の懲役若しくは250万円以下の罰金若しくは科料に処し、又は懲役及び罰金を併科する。電気通信の送信によりわいせつな電磁的記録その他の記録を頒布した者も、同様とする。
②有償で頒布する目的で、前項の物を所持し、又は同項の電磁的記録を保管した者も、同項と同様とする。

Case1のXが販売した写真集は、175条1項の図画にあたります。さらに、Xは写真集を不特定、多数の人に販売していますので、**頒布**という行為を行っていると認められます。**頒布**とは、不特定または多数の人に販売したり、プレゼントしたりすることをさします。

以上に加えて、Xが撮影した写真集が**わいせつ**と認められるかどうかという点が問題となります。以下でよりくわしく検討してみましょう。

わいせつとは？

Case1のXが頒布した写真集は「わいせつな物」といえるでしょうか。**わいせつ**とは、性欲をむやみに興奮または刺激させるようなもの

で，かつ，普通の人の正常な性的羞恥心を害し，善良な性的道義観念に反するものと定義されています。正直なところ，この説明だけではよくわかりません。したがって，この定義にあてはまるかどうかは，裁判官の判断に広くまかされているのが現状です。もちろん，たんに裁判官一個人がどう思うかではなく，一般社会の人たちの常識や価値観にしたがって慎重に判断されることになります。少なくとも，**Case1** の写真集のように，性器が見えている場面が無修正のままであれば，通常はわいせつだと判断されます。

芸術作品の場合は？

たとえば，映画や小説といった芸術作品の場合であっても，主人公が性的な行為をする場面が登場することがあります。こういった場合，その性的な表現だけを部分的に見るのではなく，作品全体を評価するべきだといわれています。作品を全体としてみたときに，それが芸術的とはいえず，性的な関心に訴えるものでしかないと評価された場合には，わいせつだと判断されうることになります。

ただし，芸術作品における性的な表現については，**表現の自由**（憲21条1項）を害することがないように，その処罰の判断はより慎重におこなわれなければなりません。

わいせつなデータを送信

最近では，写真集を本屋で購入しなくても，自分のパソコンやスマホで画像のデータを手に入れて見ることができるようになりました。そのため，175条にはこのようなデータ送信にかんする規定があります。たとえば，電子メールでわいせつな画像を送って，不特定，多数の人に受信させた場合には，175条1項の後半にある「電気通信の送信によりわいせつな電磁的記録その他の記録を頒布した者」にあたります。

わいせつ物を所持するだけで？

　以上の「頒布」とはことなり，個人がわいせつ物を「所持」したり，わいせつな画像データを「保管」したりしているだけであれば，社会全体の性秩序に悪影響をあたえるとまではいえません。そのため，こういった所持や保管といった行為を処罰する規定はありません。ただし，175条2項によって，「有償で頒布する目的」で所持や保管をおこなった場合には処罰されます。たとえば，不特定，多数の人に有料で販売するつもりでわいせつ物やデータを所持・保管していた場合には処罰されることになります。

3. 児童ポルノ規制

児童ポルノ

Case 2

　Xは，裸でポーズをとった児童（10歳）を撮影した画像を，海外のホームページで見つけて性的な関心をもった。そのため，その画像をダウンロードして，自宅のパソコンに保存していた。

　児童（18歳に満たない者）の裸や性的なポーズを撮影した画像を**児童ポルノ**とよんでいます。この児童ポルノの場合は，大人を撮影したポルノにくらべて，世界的に非常にきびしく処罰される現状にあります。その理由は，児童ポルノの場合，社会の性秩序が害されるということだけではなく，性的な場面を撮影された児童が重大な性的被害を受けるからです。児童ポルノの売買によって金をかせぐために，児童をだましたり，虐待を加えたうえで，児童ポルノを製造するというケースが，あとをたちません。日本の児童だけではなく，とくに，東南アジア諸国において生活に困っている貧しい児童を被写体にするケースが多いため，国際的な問題となっています。

持っているだけでもダメ

　こういった児童ポルノを規制する**児童買春，児童ポルノに係る行為等の規制及び処罰並びに児童の保護等に関する法律（児童買春処罰法）**では，児童の性器や性行為を撮影した写真やデータを製造，所持，輸出入をした場合などを処罰しています。また，刑法175条のわいせつ物とは異なり，児童ポルノの場合は，**単純所持**，すなわち，自分の性的な関心から児童ポルノを所持・保管していたというだけでも処罰されます。そのため，**Case2**のXは単純所持罪で処罰されることになります（児童買春7条1項）。児童ポルノの単純所持を処罰して，需要をなくせば，児童ポルノの製造や販売をする者が，もうからなくなります。それによって，児童ポルノを世界からなくすことが目指されています。

4. 淫行（みだらな行為）

Case 3

　Xは，家出して繁華街にいた女子高生A（16歳）に，自分と性交をしないかとさそった。合意したAはXとホテルに向かい，性交を行った。

　すべての児童（18歳未満）には，その心身の健やかな成長が保障される権利があります（児福1条）。そのため，このような児童全体の権利を社会の利益（社会的法益）としてとらえて，未熟な児童が性的な被害にあうことを防ぐことを目的とした法律があります。

　Case3の場合，女子高生Aは13歳以上ですから，性交に同意している以上，Xに強制性交罪は成立しません（☞**各論第4話**）。しかし，Aは18歳未満であるため，Xは「**淫行（みだらな行為）**」をおこなったとして処罰される可能性があります。この淫行は，刑法に定められている罪ではなく，各都道府県や市町村において定められている，いわゆる**青少年保護育成条例**＊1 に規定されている行為です（東京都では「淫行」

をよりわかりやすくするために,「みだらな性交又は性交類似行為」と表現しています)。ただし,18歳未満の青少年とのすべての性的な行為が処罰されるわけではありません。淫行の典型例は,自分の性欲を満足させるための道具として青少年を利用するような,身勝手な性交などの性的な行為のことをさします。そのような場合, **Case3** のXは淫行として処罰される可能性があります。

各論 第5話

また,このような淫行を,たとえば,学校の担任の先生が自分の生徒に対しておこなった場合には,たんなる淫行とはことなり,その立場を利用している点がとくに悪質だとして,より重く処罰されることがあります(児福34条1項6号)。さらに, **Case3** のXがAに対して性行為のお礼としてお金を支払っていた場合には,**児童買春**として淫行よりも重く処罰されることがあります(児童買春4条)。

----

*1 用語:青少年保護育成条例とは,都道府県や市町村といった地方自治体が,青少年が心身ともに健やかに成長する環境を守るために作っている条例のことです。

● もう一歩前へ

公然わいせつ罪やわいせつ物頒布等の罪のように,私たちが暮らす社会の秩序を守るために成立する犯罪がほかにもあります。たとえば,**賭博罪**(185条)は,国民に「賭けごと」を禁じています。賭けごととは,偶然によって決まる勝敗(たとえば,マージャンなどのゲームや,野球・サッカーなどのスポーツ)によって,お金やそのほかの利益をあらそうことをさします(ただし,競馬や競輪のように法律で許されている賭博もあります)。こういった賭博は,国民にまじめに働こうという気力を失わせたり,借金が増えてほかの犯罪に走らせたりといった危険が生じることを理由に禁じられています。

ほかにも，国民の宗教的な感情を保護するとされる，**礼拝所不敬罪・説教等妨害罪**（188条），**墳墓発掘罪**（189条），**死体損壊等罪**（190条）があります。

第 **6** 話

名誉毀損罪・業務妨害罪　4つの「つぶやき」

1. 不倫してるらしい──つぶやき①

Case 1

あいうえお
@arutsubuyaki1

俳優Aはイクメンだっていわれてるけど，美人のモデルと不倫してるらしいよ。ホテルでバイトしてるときに2人で部屋に入るの見ちゃった。奥さんもかわいそうにね。

10:22・2020/11/17
53件のリツイート　10件の引用リツイート　214件のいいね

　最近では，ソーシャルネットワークサービス（SNS）を利用して，個人がさまざまな情報を社会に発信できるようになりました。SNSは気軽に情報発信できるという利点がある一方，軽率な発言によって気づかないうちに他の人を傷つけてしまうことがあります。

> 第230条（名誉毀損）
> ①公然と事実を摘示し，人の名誉を毀損した者は，その事実の有無にかかわらず，3年以下の懲役若しくは禁錮又は50万円以下の罰金に処する。（以下略）

　名誉毀損罪（230条1項）は，公然と事実を摘示し，人の名誉を毀損した場合に成立します。名誉毀損とは，人の社会的な評価を下げることを意味します。普通は，不倫をしていることがばれれば，職場などでその人の評価は下がりますので，「つぶやき①」は名誉毀損だといえます。このことは，俳優Aの不倫が真実だったとしてもかわりません。なぜなら，刑法は「虚像」（実際とは異なる作られたイメージ）も保護しているからだと説明されます。どの人も，程度の差はあるかもしれませんが，社会では，真実の自分とは異なる評価にもとづいて生活している

159

のではないでしょうか。そのため，刑法は真実ではなかったとしても，社会で通用している評価を名誉として保護しています。

2．名誉毀損と侮辱

事実の摘示

名誉毀損罪は，条文上，「公然と」，すなわち，「不特定または多数の人が認識しうる状況」であったことが要求されています。「つぶやき①」のように，SNSを利用して，多くの人の目にふれる状況で情報を発信すれば公然性は認められます。さらに，「事実の摘示」がなされる必要があります。これは，人の社会的評価を低下させるような具体的な事実をしめすことを意味します。「つぶやき①」のように，被害者の名前がイニシャルであったとしても，だれが見てもどの人のことかがあきらかなのであれば，事実の摘示だといえそうです。

侮辱とは？

> 第231条（侮辱）
> 事実を摘示しなくても，公然と人を侮辱した者は，拘留又は科料に処する。

それに対し，**侮辱罪**（231条）は，「事実の摘示」という語が条文にはありません。そのため，名誉毀損罪とはことなり，具体的な事実を書かずに，「バカだ」などと書いた場合に成立することになります。侮辱も，名誉毀損と同様に，人の社会的評価を下げるような内容であることが必要です。

3．正義感にもとづいて──つぶやき②

知る権利の保障

かきくけこ
@arutsubuyaki2

Case
2

会社Bはブラック企業だよ。友達が2年働いてたんだけど，毎月サービス残業100時間超はあたり前，過労で亡くなった同僚もけっこういたって。就活生は避けた方がいい。

13:14・2018/3/14
10件のリツイート　58件のいいね

　名誉毀損罪は，個人だけではなく，会社のような法人にたいしても成立します。会社も社会的評価を受ける存在だからです。そのため，例のように「ブラック企業」だと指摘された会社Bの社会的評価は下がりますので，名誉毀損罪が成立する可能性があります。

　ただし，たしかに「つぶやき②」を送信した人が，ウソの情報を流して会社Bに嫌がらせをしようとしたのなら，名誉毀損罪が成立するとしてもいいかもしれません。それに対して，会社Bが本当にブラック企業で，就活中の学生が新たな被害者にならないようにという思いで行動していた場合はどうでしょうか。社会の悪を暴こうという正義感をもった情報提供であれば，国民の知る権利（憲21条）にもとづいて保護されるべきとも考えられます。

真実であることを証明すれば……

第230条の2（公共の利害に関する場合の特例）
①前条〔230条〕第1項の行為が公共の利害に関する事実に係り，かつ，その目的が専ら公益を図ることにあったと認める場合には，事実の真否を判断し，真実であることの証明があったときは，これを罰しない。

230条の2には，**公共の利害に関する場合の特例**が規定されています。この特例は，たとえば，ある政治家が賄賂を受け取っているという情報を入手した新聞記者が，国民に知らせるためにこれを記事にして新聞に掲載するような場面を想定しています。賄賂を受け取っているという情報が公開されれば，政治家の名誉は毀損されます。しかし，政治家が賄賂を受け取っているかどうかは，国民が知るべき重要な情報です。そこで，このような情報が真実である場合には，この新聞記者を処罰しないことにしています。

特例が適用されるために

たしかに国民の知る権利は重要ですが，その一方で，名誉毀損は被害者に重大な被害をもたらす犯罪です。そこで，230条の2には，この特例が適用されるための，厳しい3つの要件が規定されています。「つぶやき②」についても，この3つの要件を満たさなければ，特例は適用されず，名誉毀損罪で処罰されることになります。

第1に，主張した事実が，国民全体の利益に深く関係するものでなければなりません（**事実の公共性**）。第2に，国民・社会を守ろうとする目的を持っていることが要求されます（**目的の公益性**）。単に興味本位でとか，フォロワーを増やしたかったからといった私的な目的では許されないことになります。第3に，裁判所に対して，自分の主張した内容が真実であることを自ら証明する必要があります（**真実性の証明**）。「つぶやき②」について，この3つの要件を満たせば，つぶやいた人は処罰されないことになります。

4. 個人情報の流出 —— つぶやき③

「つぶやき③」を行った人が，その後，実際にアイドルCの個人情報を第三者に提供した場合はどうなるでしょうか。住所や学校名といった個人の**プライバシー**にかかわる情報が流出しても，名誉が毀損されることはないため，名誉毀損罪や侮辱罪は成立しません。ただし，民法上，不法行為として損害賠償責任が生じる可能性はあります。

個人情報の提供

ただし，個人情報の流出のなかでも，より重大な被害が認められる場合には犯罪として処罰されることがあります。主なものとして，たとえば，医師，薬剤師といった特定の業務にある人が，業務中に知りえた個人情報を本人の同意を得ずに開示した場合には，**秘密漏示罪**（134条）として処罰されます（刑法以外の法律にもこうした処罰規定があります）。さらに，企業が業務上得た個人情報の扱いについて定めた**個人情報保護法**（個人情報の保護に関する法律）の罰則もあります。

裸の写真いる？

それでは，「つぶやき③」をおこなった人が，その後，実際にアイドルCの「裸の写真」を第三者に提供した場合はどうなるでしょうか。まず，この写真がわいせつ物と認められれば，**わいせつ物頒布罪**（175条1項）が成立する可能性があります（☞**各論第5話**）。また，相手の同

意なく，プライベートで撮影された裸の写真をインターネット上などで不特定多数に提供すると，**リベンジポルノ防止法**（私事性的画像記録の提供等による被害の防止に関する法律）の罰則が適用されることも考えられます。

　また，アイドルCが18歳未満だった場合，裸の写真を提供することは，**児童買春処罰法**（児童買春，児童ポルノに係る行為等の規制及び処罰並びに児童の保護等に関する法律）の対象となりえます（☞**各論第5話**）。

5．ウソの殺人予告──つぶやき④

　たちつてと
@arutsubyaki4

明日の朝7時にD大学を爆破します。D大学の学生のみなさん，大量殺人ゲームの幕開けです。

2:22・2020/5/17
511件のリツイート　105件の引用リツイート　214件のいいね

Case 4

　この「つぶやき④」をおこなった人が，あとから「殺人予告は冗談だった」と言いのがれした場合，刑法上どのように，あつかわれるでしょうか。たとえば，ある個人にたいして，面と向かって「殺すぞ」と言った場合，冗談だったとしても，相手方が真実ととらえ，恐怖を感じたのであれば，**脅迫罪**（222条）が成立します。

> 第222条（脅迫）
> ①生命，身体，自由，名誉又は財産に対し害を加える旨を告知して人を脅迫した者は，2年以下の懲役又は30万円以下の罰金に処する。（以下略）

　しかし，「つぶやき④」のように，不特定，多数の人を対象とした殺害予告の場合，多くの人々がその情報におどろいたり，とまどったりす

ることはあっても，特定の個人に恐怖を感じさせたとまではいえません。そのため，個人的法益にたいする罪である脅迫罪は成立しないと考えられます。

大学の業務の妨害？

> 第234条（威力業務妨害）
> 威力を用いて人の業務を妨害した者も，前条〔233条〕の例による。

　このような不特定多数の人に向けた殺人予告については，大学にたいする（威力）**業務妨害罪**（234条）が成立する可能性があります。ウソの殺害予告にもとづいて，D大学への立入りが制限され，休講になったり，事務室が閉室になったりすることで，本来おこなうはずだったD大学の業務が妨害されたと考えるのです。

　業務妨害罪は個人的法益にたいする罪であり，**業務**とは，職業そのほかの社会生活上の地位にもとづいて継続して従事する事務のことをいうとされています。たとえば，レストランの営業活動など，個人が職業としておこなっている経済活動が典型例です。ほかにも，より広く，D大学でおこなわれる授業や，窓口で学生に対応する事務も業務にふくまれます。

6. 業務妨害とは？

> 第233条（信用毀損及び業務妨害）
> 虚偽の風説を流布し，又は偽計を用いて，人の信用を毀損し，又はその業務を妨害した者は，3年以下の懲役又は50万円以下の罰金に処する。

　業務は，より広く，**虚偽の風説の流布**（233条），**偽計**（233条），**威力**（234条）という3つの手段から保護されています。**虚偽の風説の流**

布は，真実に反するうわさ・情報を不特定，多数の人に広めることをさします。たとえば，ある店について「あの店が扱う商品は不良品ばかりだ」とウソの事実をつげ，そのうわさを広めさせるような場合をさします。**偽計**は，人をだましたり，人がかんちがいしていたり，知らないことを利用することをいいます。たとえば，他人のふりをして，ピザ屋にウソの注文をして，架空の住所に配達させるような行為があげられます。

威力は，暴行・脅迫をふくみますが，それよりも広い概念です。たとえば，大声でどなったりする場合や，相手方の前でヘビをまきちらしたり，動物の死がいを机の引き出しに入れておいて被害者に発見させるような行為も威力とされています。

7. 「つぶやき」に注意

ここでは，「つぶやき」にかかわる犯罪をみてきました。みなさんは，インターネット上で軽い気持ちで「つぶやく」ことも，そういった「つぶやき」を信じて軽々しく行動することもしないようにしてください。

第 7 話

住居侵入罪　人の住居に勝手に入ったら

1．住居権とは？

　ここでは，**住居侵入罪**について考えてみましょう。人の住居に勝手に立ち入ればこの罪が成立するのはあきらかです。それでは，この住居侵入罪はいったい何のために規定されているのでしょうか。住居侵入罪は，住居に住む人の個人的な**法益**を害したときに成立すると考えられています。この**個人的法益**は，より具体的には，自分の住居に入ることを許さない，あるいは，だれが住居に滞在することを許すかという自由（**住居権**）として理解されています（立ち入った場所が住居以外〔☞ 3〕の場合には**管理権**といいます）。

2．作為と不作為

> 第 130 条（住居侵入等）
> 正当な理由がないのに，人の住居若しくは人の看守する邸宅，建造物若しくは艦船に侵入し，又は要求を受けたにもかかわらずこれらの場所から退去しなかった者は，3 年以下の懲役又は 10 万円以下の罰金に処する。

　130 条には，正当な理由がないのに，侵入することと要求を受けたのに退去しないことという 2 つの犯罪が規定されています。まず，130 条前半には住居などに「侵入する」という**作為犯**の規定があります。さらに，後半には「退去しなかった（不退去）」という**不作為犯**があります。このように条文に「〜しない」という不作為が規定されている犯罪を，**真正不作為犯**とよんでいます（☞総論第 5 話）。不退去は，たとえば，住居に入ることは許されていたのですが，その後，その住居の住人から帰るようにいわれたのに帰らなかった場合に成立します。

3. 侵入する場所

住居以外にも……

　130条前半には，侵入する場所として，「人の住居，若しくは人の看守する邸宅，建造物若しくは艦船」が規定されています。**住居**とは，みなさんが住んでいる家やマンションのように，人が生活している場所をさします。**邸宅**とは，居住するための建物のうち住居を除いたもの，たとえば，居住者のいない空家や，シーズンオフでだれも使っていない別荘などが考えられます。**艦船**は軍艦や船舶のことで，少なくとも人が乗って生活しうる程度の大きさが必要だとされています。最後に，**建造物**とは，屋根があって柱によって支えられており，人が出入りできる構造のものをさし，住居，邸宅以外の建物を広くふくみます。

　また，邸宅，艦船，建造物については，住居とは異なり，「人の看守する」という要件が課されていることに注意してください。「看守する」とは，ガードマンを配置するとか，カギをかけたりして，建物を管理することをさします。

原爆ドームに立ち入ると？

Case 1　Xは，広島にある通称「原爆ドーム」の中に，許可を得ることなく，鉄の柵を乗りこえて中に立ち入った。

　それでは，Xが立ち入った「原爆ドーム」は130条に規定されている侵入場所のいずれにあてはまるでしょうか。原爆ドームには屋根がなく，人が中で生活できる構造ではありません。したがって，原爆ドームは130条のいずれの侵入場所にもあてはまりませんので，Xには130条の罪は成立しません。ただし，**軽犯罪法**1条32号の「入ることを禁じた場所」に入った者という規定には違反します。

軽犯罪法

第1条

左の各号の一に該当する者は、これを拘留又は科料に処する。

　32　入ることを禁じた場所又は他人の田畑に正当な理由がなくて入つた者

グラウンドも建造物？

 Case 2　Xは、ある小学校のグラウンドに許可を得ずにこっそり立ち入った。

Case2 の場合、小学校の校舎に無断で立ち入った場合は、建造物への侵入だとされることは当然です。では、そのまわりにあるグラウンドに立ち入った場合はどうでしょうか。実は、130条の「建造物」には建物だけではなく、その建物のまわりにある土地も含むと理解されています。ただし、この土地は、そのまわりを門や柵でかこうことで、建物と一緒に利用するということが、だれがみてもわかるようにされていることが必要です。**Case2** のような小学校のグラウンドは、まわりが塀でかこまれて管理されているのが普通ですので、このようなグラウンドに勝手に立ち入った場合も「建造物」侵入罪が成立することになります。

4. 侵入とは意思に反すること

意思に反する立入り

侵入とは、住居などに立ち入るということだけで認められるわけではありません。その立入りが、住居に住んでいる人（住居権者）の意思に反していると認められてはじめて侵入したといえることになります。建造物の場合も同じく、建物を管理する責任者（管理権者）の意思に反する立入りが侵入であるということになります。

　ただし、とくに、駅、デパート、官公庁のように、非常に多くの人が出入りすることが許されている建造物の場合の、管理権者の意思の判断

には注意が必要です。たとえば、ある日、通学のために電車に乗ろうと駅にやってきたあなたのことを、駅の管理権者Aが個人的に気に入らないと考えたからといって、建造物侵入罪が成立するというのは、あきらかにおかしいですよね。

そのため、こういった多くの人が出入りすることが認められている建造物の場合、管理権者の意思に反する立入りだといえるかは、社会の人からみて納得できるかどうかという基準（**客観的・合理的な基準**）にしたがって、裁判官が判断することになります。

見た目は他の客と同じ立入りだけれども……

Xは、銀行のATM（現金自動預払機）を利用する客のカードの暗証番号や名義人の名前などを盗撮するために、ATMにビデオカメラを設置することにした。Xが狙いを定めたA銀行の出張所（管理権者はB）には、ATMが2台設置されており、銀行員がおらず、無人だったが、不審者が出入りしないように監視カメラがとりつけられていた。

ある日、Xはこの出張所に立ち入り、1台のATMに盗撮用のビデオカメラを設置し、もう1台のATMの前の床にビデオカメラの情報を送るための通信機の入った紙袋を置いた。その後、紙袋が置いてあるのを不審に思われないようにするためと、ビデオカメラを設置したATMに客を誘導するために、共犯者と交替しつつ、1時間50分程度、紙袋を置いたATMの前に立ちつづけた。

Case3のXに建造物侵入罪が成立するでしょうか。とくに、管理権者Bの意思は、先ほどの「客観的・合理的な基準」によると、どのように判断されるでしょうか。Xは、見た目は普通の客と同じように立ち入っており、Bがその場でXの立入りを禁止したわけではありませんので、建造物侵入罪は成立しないようにも思えます。しかし、出張所の

管理権者 B は，不審者対策として監視カメラを取りつけています。そのことからもわかるように，カードの暗証番号などを盗撮しようという目的をもった X の立入りを許可するはずもありません。そのため，X の立入りは B の意思に反するとして，建造物侵入罪が認められることになります。

　さらに，**Case3** の X と共犯者は 1 時間 50 分にわたって ATM の前に立ち続けて，客であるかのようによそおって，他の客が ATM を利用できないようにしています。つまり，銀行をだまして，その業務を妨害していますので，**偽計業務妨害罪**（233条）も成立します（☞各論第6話）。

5．盗撮目的を隠して……

A 大学の学生であった X は，A 大学構内の講義棟のトイレ（管理権者は B 学長）に小型カメラをしかけて盗撮をしようと計画した。ある日，X は盗撮用の小型カメラをかばんにかくし持って，他の学生に交じって，警備員 C にたいしてあいさつをして（もちろん盗撮目的はかくして）大学の正門を通りぬけた。その後，講義棟のトイレに向かい，だれもいない間に小型カメラを設置した。

　住居権者や管理権者が，立入りを許可していた場合には侵入とはいえません。**Case4** の場合，X は管理権者 B から雇われた警備員 C の同意を得て講義棟に立ち入っていますので，建造物に侵入したとはいえないことになりそうです。

　しかし，警備員 C による同意は無効だといわざるをえません。なぜなら，X がトイレで盗撮をする目的を有していることを，C がもし知っていれば，X の立入りを許可しなかったであろうといえるからです。そのため，C の同意は無効となり，X には建造物侵入罪が成立することになります。

第 8 話

窃盗罪
せっとうざい

他人の物を自分のものにするということ

---

1. 財産を侵害する犯罪「財産犯」
ざいさんはん

　個人の財産を侵害する犯罪を**財産犯**とよんでいます。財産は，生命や
ざいさんはん
自由などの個人的法益のなかでは，法益の価値がもっとも低いとされて
こじんてきほうえき
います。しかし，多くの人が物を盗まれた経験があるように，私たちに
とって身近な犯罪であり，また，発生件数も多く，犯罪としての重要性
はむしろ高いといえます。以下において，窃盗罪を中心に，財産犯とは
せっとうざい
どのようなものなのか見ていきましょう。

Case 1　コンビニエンスストアでアルバイトをしている X は，その経営者
であり店長である T が店を留守にしている間，お腹が減ってきた
る す
ので，店の商品である弁当を，お金を払うことなく食べた。

　財産犯は大きく分けると，①**他人の物を自分のものにしてしまう犯罪**
と，②他人の物をこわしたり棄てたりしてしまう犯罪とに区別すること
す
ができます。①のグループを**領得罪**とよび，②のグループを**毀棄罪**とよ
りょうとくざい　　　　　　　　　　　　　　　　ききざい
んでいます。他人の物とは，他人に**所有権**があるということであり，所
しょゆうけん
有権とは，自由に使ったり処分したりできる権利のことです。たとえ
ば，みなさんのおこづかいは，みなさんが自由に使うことができますよ
ね。それは所有権が自分にあるからです。一方，友達から借りたマンガ
の本は，勝手に売ったり棄てたりすることはできません。それは，その
友達に所有権がある，つまり，他人の物だからです。

　Case1のコンビニの弁当の所有権は店長 T にあります。そうすると X
は，他人の物を食べたことになります。また，食べることは，棄てたの
ではなく自分のものにすることなので，器物損壊罪などの毀棄罪ではな
きぶつそんかいざい　　　　ききざい
く，領得罪のいずれかが成立するということになります。
りょうとくざい

2. 占有はだれにある?

それでは，Xには何罪が成立するのでしょうか? これを考えるのにあたり，重要なのが**占有**とよばれる概念です。占有とは，物を支配・管理している状態のことです。たとえば，手にもっている，ポケットに入れている，自宅に置いている，自転車などをカギをかけてとめている，といった場合に，それをした人に占有があるということになります。

コンビニの弁当の占有はだれにあるのでしょうか? Xは店員として，店長が留守のときも含め，商品をお客さんに販売していることから，店の商品を支配・管理しているようにみえるかもしれません。しかし，それは店長の補助者としておこなっているだけで，店の商品は店長が支配・管理しているといった方があたっています。つまり，占有は店長にあるのです。

各論 第8話

3. 窃盗とは占有を意思に反して移すこと

> 第235条（窃盗）
> 他人の財物を窃取した者は，窃盗の罪とし，10年以下の懲役又は50万円以下の罰金に処する。

Case1では弁当の占有がXにないことから，**横領罪**（252条）は成立しないことになります。横領罪は，自分が占有する他人の物を自分のものにしてしまう犯罪だからです（☞**各論第11話**）。また，Tの留守中に勝手に食べていることから，XはTの意思に反して弁当の占有をうばったといえます。そこから，**詐欺罪**（246条），**恐喝罪**（249条）の成立は否定されます。詐欺罪，恐喝罪は，だましたり，おどしたりすることにより，かんちがいしたり怖がったりした被害者の意思にもとづいて，占有が移る犯罪だからです（☞**各論第9話・第10話**）。そして，暴行・脅迫

がもちいられていないので，**強盗罪**（236条）にもなりません（☞**各論第9話**）。Xには，他人の物を，占有している者の意思に反して自分の占有のもとに移す犯罪，つまり，**窃盗罪**（235条）が成立することになります。

4．自分のものにするとは？

領得罪は，他人の物を自分のものにしてしまう犯罪ですので，領得罪が成立するには，自分のものにするという意思が必要になります。ちょっとむずかしい話になりますが，**Case2**を使って考えていきましょう。

①ある日の深夜，Yは，お腹がすいたので，コンビニエンスストアに弁当を買いに行くため，同じアパートに住むAの自転車を無断で借り，それに乗って自宅アパートを出た。Yは，コンビニエンスストアで弁当を買ったあと，Aの自転車で自宅にもどり，それを元の場所にもどした。なお，YがAの自転車に乗り，元の場所にもどすまでの時間は約30分であった。

②翌日，Yは，イヤミで性格が悪く，自身をバカよばわりするBのふるまいをふとしたことから思い出し，復讐してやろうと考えて，Bが大事にしている自転車を棄ててやることにした。YはすぐにB宅に行き，カギのかかっていたBの自転車をだきかかえて持ち出して，B宅から約200mはなれたドブ川の中にそれを放り投げた。

まずは，①のAの自転車から考えてみましょう。YはこれをAに無断で借り，乗り出しているので，Aが占有する自転車を，Aの意思に反して自分の占有のもとに移しています。Yの行為は，一見すると窃盗罪そのものといえるでしょう。

5. 一時使用との区別

しかし，Yは，無断で借りたとはいえ，30分後には元の場所にもどしています。自転車を自分のものにする意思があったといえるのでしょうか？　このように，一時的に借りてすぐに返す場合を一時使用とよび（使用窃盗とよぶこともあります），犯罪にはならないとされています。それは，被害が軽微であり，処罰する必要はないと考えられているからです。ここから，自分のものにするという意思があったとするためには，その「物」について権利をもっている人が使用できないようにする意思が必要だということになります。このような意思を，**権利者排除意思**とよびます。Yはすぐに返す意思だったので，権利者排除意思が欠け，Aの自転車にたいする窃盗罪は不成立となるのです。

ただし，短時間借りる場合であっても，自動車のような高価なものや企業秘密のつまった重要書類などは，権利者排除意思があるとされており，窃盗罪は成立します。

6. 毀棄罪との区別

つぎに，②のBの自転車について考えてみましょう。XはB宅から自転車を持ち出していますので，Aの自転車と同様に，一見すると窃盗罪が成立しそうです。しかし，ここでも，Aはそれを棄てる意思で持ち出していますので，自分のものにする意思があったとはいえません。自分のものにする意思として，その「物」を利用したり，処分（棄てるという意味ではなく消費などするという意味です。たとえば，お金を使うなど）したりする意思が必要なのです。このような意思を，**利用処分意思**とよびます。利用処分意思は，領得罪と毀棄罪を区別するために必要だとされています。

Yは，Bの自転車を乗り回したりする意思はなかったので，利用処分

意思がなかったといえ，窃盗罪は不成立となります。ただし，Bの自転車をドブ川に棄て，使えないようにしていますので，Yには**器物損壊罪**（261条）が成立することになります。

7. 不法領得の意思＝権利者排除意思＋利用処分意思

　以上のように，自分のものにする意思とは，権利者排除意思と利用処分意思だということになります。2つの意思をあわせて，**不法領得の意思**とよんでおり，領得罪が成立するにはこの意思が必要なのです。

　なお，利用処分意思は，実際の裁判では「経済的用法にしたがい利用・処分する意思」だといわれていますが，この経済的用法を厳密に判断すると問題が生じます。たとえば，人を殺すために果物ナイフを万引きしたとしましょう。果物ナイフの本来の使用方法は果物を切ることですので，厳密に判断すると，本来の使い方をする意思ではありません。そうすると，経済的用法にしたがった利用・処分意思がないということになって，窃盗罪不成立となりかねません。そこで，経済的用法にしたがうとは，なんらかのかたちで使用するという程度の意思でよいとすべきことになります。このように考えたならば，殺人目的での果物ナイフの万引きは，当然に窃盗罪が成立することになります。

8. 242条の「他人が占有」の意味

　財産犯は，「他人の物」を自分のものにしたり，棄てたりする犯罪だと冒頭（☞172頁）で述べました。ただし，242条は，「自己の財物であっても，他人が占有……するものであるときは，……他人の財物とみなす」と規定しています。他人が占有していれば，他人に所有権がなくとも「他人の財物」（他人の物）になるとしているのです。

　DVDのレンタルで考えてみましょう。DVDの所有権はレンタルショ

ップにありますが，所有権があるからといって店側がレンタルした人から返却期限前に勝手にその DVD を取り返すことは許されません。他人（レンタルした人）が占有しているので，242 条により DVD は「他人の財物」ということになって，取り返した店の人は窃盗罪となるのです。（☞もう一歩前へ）

9. 財物と財産上の利益

　最後に，窃盗罪の客体（行為の対象）である**財物**について確認しておきたいと思います。窃盗罪は，「他人の財物」（他人の物）を占有する者の意思に反して，自分の占有のもとに移した場合に成立する犯罪ですが，財物とは，一般に，**有体物**のことだとされています。有体物とは，物理的な存在のことであり，固体，液体，気体がそれに含まれます。お金や自動車，飲んでいるお茶，酸素やヘリウムガスなどです。風船をふくらませるために，他人が管理しているヘリウムガスを勝手に使ったら，財物を盗んだことになります。他方，電気や熱などのエネルギーは，有体物ではないため財物に含まれません（ただし，245 条では，「電気は，財物とみなす」とされていますので，他人の電気を無断で使用した場合は，窃盗罪が成立します）。

　刑法で保護される財産は，財物のほかに**財産上の利益**というものもあります。財産上の利益とは，財物以外の財産的利益のすべてであり，たとえば，借金をまぬがれること，労働やサービスをしてもらうこと，財産的価値のある情報などがこれに含まれます。財産上の利益を侵害する犯罪は，条文上，2 項に規定されていますので（たとえば，236 条 2 項），**2 項犯罪**とよばれています。

　財物は，窃盗罪をはじめとして広く保護されているのにたいし，財産上の利益は，強盗罪（236 条 2 項），詐欺罪（246 条 2 項），恐喝罪（249 条 2 項）（また，背任罪〔247 条〕）でのみ保護されています。重要な情報

を盗みみたというような，財産上の利益にたいする窃盗は犯罪ではありません。それは，刑法が立法された当時は無形の財産にたいする意識が低かったからだと思われるほか，形のない財産上の利益をうばうことを犯罪とするのは手段が違法な場合にかぎったと，みることができるでしょう。

10. おわりに ―― 財産犯の分類

　財産犯を図にあらわすと以下のようになります。領得罪と毀棄罪の区別は，すでにのべました。領得罪には直接領得する犯罪と，間接的に領得する犯罪とがあり，間接領得罪としては**盗品等関与罪**（256 条）があります。だれかが盗んできたものを，それと知って，もらい受けたり，買ったり，あずかったりした場合に成立する犯罪です。間接的な領得ではありますが，刑罰が重いのが特徴です（無償でもらった場合は 3 年以下の懲役ですが，それ以外の場合は上限が懲役 10 年！）。

　直接領得罪のうち，犯人に財物の占有が移る場合は**奪取罪**，そうでない場合は非奪取罪とよばれています。被害者の意思にもとづいて占有が移る場合が**交付罪**，被害者の意思に反して占有が移る場合が**盗取罪**です（強盗罪と恐喝罪の区別は☞**各論第 9 話**）。窃盗罪は盗取罪に分類されます。

　背任罪は，領得罪，毀棄罪の両方の性格をあわせもった犯罪です（☞**各論第 11 話**）。

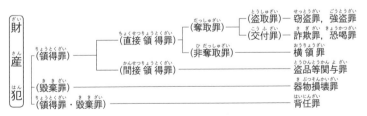

● **もう一歩前へ**

大学生の Z は，試験に唯一持ち込み可能な『マンガ刑法の時間』を，1 か月以内に返すことを条件として C に貸した。しかし，1 か月が経過しても C は返却せず，Z は何度も催促をしたが，いっこうに返す気配はなかった。そこで Z は，貸してから 3 か月が経過した頃，試験がせまっていたのでもう待てないと考えて，留守中の C 宅に無断で入り込み，『マンガ刑法の時間』を取り返した。

財産犯の保護法益

　Z に住居侵入罪（130 条）が成立するのは当然です。それに加え，窃盗罪は成立するでしょうか？　留守中に勝手に C 宅に入ったとはいえ，Z は自分の『マンガ刑法の時間』を取り返したにすぎません。そこで，C の占有には正当な理由がなく，Z は自分に所有権がある物を持ち去ったにすぎないとして，窃盗罪は成立しないと考えることも可能です。242 条は，他人が占有していれば，他人の物になるとしていますが，ここでの「他人が占有」を，権利がある占有と理解して，そのような占有がある場合のみ他人の物として扱うのです。このように考えると，C が『マンガ刑法の時間』を借りることができる権利は 1 か月までですから，それをこえた C の占有は民法上の権利のない占有となり，242 条のいう「他人が占有」するものとはなりません。それゆえ，「他人の財物」（他人の物）にもあたらないことになり，窃盗罪は不成立となるのです。このような見解を，**本権説**とよびます。**本権**とは，占有を根拠づける民法上の権利のことです。本権のある占有が存在する場合のみ窃盗罪を成立させようとするのが本権説なのです。

以上の見解にたいし，242条は，他人が占有していれば他人の物だとしていることから，それを文字どおりにあてはめて，Ｃは現にＺの『マンガ刑法の時間』を占有している以上，Ｚにとっては他人の物になるとして，他人の物を持ち去ったＺには窃盗罪が成立すると考えることもできます。この見解は，現に物を占有しているならば，どのような理由で占有しているかを問題としないのです。このような見解を，**占有説**とよびます。これを読んだみなさんは，Ｚはいくらいっても返してくれない，唯一持ち込み可能な自分の物を持ち去っただけなのだから，窃盗罪となるのは変だと感じるかもしれません。しかし，法治国家においては，かりに自分に権利があっても，裁判などの法的手続が優先されるべきであり，個人が勝手に自分の権利の回復をはかること（これを，**自力救済**とよびます）は許されないとすることも，それなりの説得力があります。**Case3**は，この立場にしたがえばＺに窃盗罪が成立することになります。

　以上のように，本権説と占有説とで争いがあるのですが，それは，財産犯が成立するには，法益として，本権を保護すべきか，それとも占有を保護すべきか，という対立なのです。それゆえ，この問題は**財産犯の保護法益**とよばれています。裁判所の考え方は，占有説だとされていますが，実際にはそれにわりきれないところもあります。

第 9 話

強盗罪　恐喝？　それとも強盗？

---

1. 自分からお金を差し出せば恐喝？

A君は，おこづかいをかせぐため居酒屋でアルバイトをしており，シフトが入っている日は，帰宅がいつも深夜であった。

ある日の夜1時頃，A君はアルバイトを終えて家に帰る途中，人気のない道路上で前方から，チンピラ風の4人組が歩いてくるのに気づいた。A君は，「イヤな予感がするな」と思いつつ通りすぎようとしたところ，金髪の男Xに「ちょっと待て」と声をかけられ，ふり向くといきなり顔面をグーパンチでなぐられた。不意をつかれ，しりもちをついたA君は，Xに馬乗りになられて，むなぐらをつかまれ，「オレたちお金がなくて困っているんだ。不幸なオレたちにお金をめぐんでくれないかな。抵抗するともっとイタイ目にあうよ」とおどされた。

Xの背後には特殊警棒をもった銀髪の男とメリケンサックをコブシにつけた赤髪の男がおり，A君の背後に回ったモヒカンの男は小さなナイフをちらつかせているのがみえた。A君は，「抵抗すれば大ケガじゃすまないな」と考えて，ポケットから財布を取り出し，入っていたお金を全てXにわたした。

特殊警棒　　　　　メリケンサック　　　　小型ナイフ

翌日，A君は大学で友人のB君に会い，前日の出来事を話しました。

A

「カツアゲにあうなんて，ついてない。夜道は気をつけないとダメだな。」

B

「とにかくケガがなくて良かったよ。刺されたら大変だった。へたすれば死んでたよ。恐喝されたときは抵抗しないのが一番だね。」

　A君とB君は，前日の出来事をカツアゲ（＝恐喝。249条）だと考えています。しかし，本当に恐喝なのでしょうか？　A君は自分でお金を差し出しているから恐喝だと考えているようです。けれども，コンビニに押し入り，店員に包丁を突き付けて脅し，店員が差し出した現金を受け取って逃げたという，ニュースでよく聞く事件は，強盗（236条）だと報じられています。

　刑法には，他人の財物をうばうことを禁じた犯罪として，窃盗罪（235条），強盗罪，詐欺罪（246条），恐喝罪があります。 **Case1** ではA君はなぐられ，おどされているので，暴行や脅迫をもちいずに財物をうばう犯罪である窃盗罪は問題になりません。また，Xらはだまして財物をうばったわけではないので詐欺罪でもありません。では，強盗罪と恐喝罪のどちらが成立するのでしょうか？

2. 強盗は凶悪犯

第236条（強盗）
①暴行又は脅迫を用いて他人の財物を強取した者は，強盗の罪とし，5年以上の有期懲役に処する。
第249条（恐喝）
①人を恐喝して財物を交付させた者は，10年以下の懲役に処する。

条文を確認してみましょう。**強盗罪**〔ごうとうざい〕は「暴行又は脅迫を用いて他人の財物を強取」した場合に成立し，**恐喝罪**〔きょうかつざい〕は「人を恐喝して財物を交付させた」場合に成立するとなっています。警察の犯罪統計〔はんざいとうけい〕では，強盗罪は凶悪犯の１つとされていて，法定刑〔ほうていけい〕も重い（上限は懲役 20 年！）のにたいし，恐喝罪は，暴行罪などと同じ粗暴犯〔そぼうはん〕とされています（上限は懲役 10 年）。

条文の中に，「暴行」「脅迫」という言葉が出てくるのは強盗罪の方だけですから，暴行・脅迫があれば強盗になるのでしょうか？　実はそうではありません。「恐喝」の意味は，暴行や脅迫をもちいて被害者をこわがらせて（むずかしくいうと，「**畏怖**〔いふ〕させて」），財物を取得〔しゅとく〕することであり，暴行や脅迫は，強盗罪と恐喝罪のいずれでも必要とされるのです。

3．強盗〔ごうとう〕と恐喝〔きょうかつ〕のちがい

では，どのように区別するのかですが，恐喝罪の**「交付〔こうふ〕させた」**という言葉が重要になります。交付とは，被害者がみずからの意思で財物を提供することを意味します。もちろん，被害者はこわがって，イヤイヤながらわたすのですから，完全に自由な意思ではありません（これを瑕疵〔かし〕のある意思というように表現します）。しかし，一応は，みずからの意思でわたしている点がポイントなのです。この点で，恐喝罪と詐欺罪〔さぎざい〕は共通します。恐喝罪は暴行・脅迫を，詐欺罪はだますことを手段として，被害者の意思にもとづいて財物を取得〔ざいぶつ〕〔しゅとく〕する犯罪なのです（☞**もう一歩前へ**）。一方，強盗罪は，被害者がみずからの意思でわたしていない場合だということになります。条文上**「強取〔ごうしゅ〕」**とあるのは，被害者の意思に反して財物をうばうことを意味しているのです。

4. 意思にもとづいているか否かの判断は？

　みずからの意思でわたしたか否かが区別の基準であれば，A君はお金をみずから差し出しており，やはり恐喝なのでしょうか？　しかし，みずから差し出したかどうかで判断するならば結論がヘンになってしまいます。たとえば，けん銃をつきつけて被害者を完全に抵抗できない状態にし，お金を出させた場合，みずから差し出したから恐喝だとする。その一方で，被害者を軽くおどし，財布をもっていくのを被害者に制止させなかった場合は，差し出していないから強盗だとすれば，いかにもバランスを欠く結論です。けん銃をつきつけられて完全に抵抗ができなくなったとしたら，そこでの財物の提供は被害者の意思に反しているとみることができるでしょう。ここでは，被害者がみずから差し出したか否かではなく，<u>抵抗できる状態にあったか否かで判断する必要があります</u>。

5. 反抗を抑圧するのにたりる程度の暴行・脅迫

　抵抗できたかどうかは，暴行・脅迫のはげしさ次第といえるでしょう。こうして，暴行・脅迫の程度が，2つの犯罪を区別することになります。強盗罪では，「<u>被害者の反抗を抑圧するのにたりる程度の暴行・脅迫</u>」が必要だとされ，恐喝罪では，「<u>反抗を抑圧する程度にいたらない暴行・脅迫</u>」で十分だと表現されます（☞**各論コラム④「暴行にもいろいろ」**）。強盗罪は，反抗できないほどですから，暴行・脅迫の程度ははげしいものであり，人の死傷もしばしばおこります。それは人の身体に害をくわえる人身犯罪の側面もあり，だからこそ恐喝罪と区別し，刑罰が重くなっているのです（☞**もう一歩前へ**）。

　もっとも，この「反抗を抑圧するのにたりる程度」か否かの境目は必ずしも明確なものではありません。

6.「反抗を抑圧」の判断基準

　反抗を抑圧する程度の暴行・脅迫であるかどうかは，さまざまな事情を考慮に入れて判断されます。凶器の有無や，犯人・被害者双方の年齢，体格，性別，人数のほか，犯行の場所，時刻などがポイントとなります。とくに重要なのは凶器の有無で，けん銃や刃物が使われた場合は，通常は強盗罪になります。ただし，つねにそうではなく，たとえば，わずかな時間ナイフをちらつかせたにすぎないのであれば，ほかの事情とのかねあいもありますが，恐喝罪となる可能性もあります。

7．グーパンチ，特殊警棒，メリケンサック，ナイフ

　Case1は，どちらになるのでしょうか？　深夜1時頃の人気のない道路上であり，A君はだれかに助けをもとめることはできません。しかも，1対4で多勢に無勢です。さらには，いきなりグーパンチ（平手よりも攻撃力が強いことを意味します）で顔面をなぐられ，しりもちをつかされたうえ，特殊警棒，メリケンサック，ナイフを手にした男たちに，かこまれているのです。A君がもし抵抗したならば，Xらにそれらの凶器でふくろだたきにされ，少々のケガではすまないでしょう。反抗を抑圧するのにたりる程度の暴行があった，つまり，Xらの行為は強盗罪と考えてよいかと思われます。

8．気の強い人

　A君は，ミナミ先生から，強盗罪と恐喝罪のちがいを教わりました。

ミナミ

ケガがなかったのが不幸中の幸いだったね。ところで，かりにA君が空手の有段者で気の強い人だったとして，だから抵抗はできたけれども，やはりこわかったから財布を差し出したとしたら，それは強盗の被害にあったことになるのだろうか？

A

反抗を抑圧するのにたりる程度の暴行・脅迫があるから強盗かな。でも，その場合は意思に反して財布をわたしたとはいえなさそうだし……。

ミナミ

いいところに気がついたね。見解の分かれるところなんだよ。

9．被害者の内心も考慮すべき？

　判例は，暴行・脅迫が，普通の人ならば反抗を抑圧するのにたりる程度のものであるかどうかで決まり，被害者の主観面（内心）を考慮して決まるものではないとしています。つまり，被害者が気の強い人で反抗が可能であったとしても，普通の人であれば反抗が抑圧されるはげしい暴行・脅迫がなされていれば，強盗罪が成立するとしているのです。ただし，A君がまったくこわがらなかったとしたら，強盗罪は未遂となります。たとえば，強盗をしようとした人をあわれんでお金をわたしたような場合です。

10．強盗罪の構造

　ここまで，くりかえしのべてきましたが，強盗とは，暴行・脅迫をも

ちいて，被害者の意思に反して財物をうばう犯罪です。そうすると，強盗罪は，財物をうばう意思で，反抗を抑圧するのにたりる程度の暴行・脅迫を被害者にくわえ，その暴行・脅迫により被害者を反抗が抑圧された状態におちいらせ，それにもとづいて財物（または財産上の利益）をうばう犯罪だということになります。「反抗を抑圧するのにたりる程度の暴行・脅迫⇒反抗の抑圧⇒財物（財産上の利益）取得」という一連のながれが強盗罪の成立には必要なのです。

11．ひったくりは強盗（ごうとう）？

ミナミ

では，強盗罪の構造にかんして，さらに問題です。たとえば，自転車ですれちがいざまに，持って歩いていたかばんを，むりやり取って逃げるような行為（ひったくり）は強盗になるだろうか？

A

かばんを力まかせにもぎ取っているので，それを暴行と考えることができます。無理やりなので，かなり強い力ですし，反抗を抑圧するのにたりる程度の暴行があったといえる。強盗になるのではないでしょうか。

　A君のいうとおり，ひったくりが，かばんをうばおうとする力は，それなりですから，反抗を抑圧するのにたりる程度の暴行とみることが可能かもしれません。しかし，ここで先ほどのべた強盗罪の構造を思い出さなければなりません。ひったくりは，被害者の反抗の抑圧にもとづいて犯人が財物をうばったといえるのかが，問題となるのです。

12. スキに乗じて

　ひったくる行為は，たしかにはげしい危険な力が被害者にむいています。けれども，かばんは被害者のスキに乗じて，うばわれたにすぎません。かばんをうばおうとする力（暴行）によって，被害者の反抗が抑圧され，その結果，財物がうばわれたとはいえないのです。強盗罪の構造にあわないことから，ひったくりは窃盗だということになります。ただし，バイクや自動車で追いぬきざまにひったくる場合で，被害者がかばんをはなさず引きずられる形になり，その後に被害者が危険を感じて手を放したのであれば，暴行により反抗が抑圧され，それにもとづいて財物を犯人が取得したといえるから，強盗罪が成立します。判例も同様に考えています。

ミナミ

ひったくりの次は……。

A

先生，ボクが強盗被害にあったというのに，おもしろがっていろいろ質問して。ひどくないですか！

ミナミ

ごめんごめん。刑法を勉強していると，ついつい犯罪について楽しく話をするのが習性になってしまって。あはは……。

● **もう一歩前へ**
権利行使と恐喝

　恐喝罪は，被害者の意思に反することなく財物をうばう犯罪ですから，権利をもっている人が暴行や脅迫をもちいて自分の財物を取り返した場合に，恐喝罪が成立するのかという問題も

生じます。たとえば，お金を貸したのに返してくれないため，借りた人をおどかして返済させる場合です。この問題を「**権利行使と恐喝**」とよびます。権利があっても，社会通念上認容すべき（＝一般的に許容される）程度をこえた手段がもちいられた場合は，恐喝罪が成立します。

強盗が人を死傷させた場合は刑罰が重い！

被害者が抵抗できない場合が強盗ですから，強盗罪の暴行・脅迫の程度ははげしく危険なものです。そのため，刑法は，強盗により人が死傷した場合に成立する別の規定をもうけています。240条を確認してください。非常に刑罰が重いことがわかります（人が死亡した場合は死刑か無期懲役しかない！）。これは，強盗行為のさいには悲惨な結果が発生しやすいため，刑罰を重くしてそのような行為を強く禁止するという理由からです。

第240条（強盗致死傷）
強盗が，人を負傷させたときは無期又は6年以上の懲役に処し，死亡させたときは死刑又は無期懲役に処する。

事後強盗罪

刑法には**事後強盗罪**という犯罪もあります。窃盗をしているときにだれかに見つかり，盗んだ物を取り返されないようにする目的で，あるいは，逮捕されないようにする目的で，罪跡を隠滅する目的で，犯人が暴行・脅迫をくわえることはしばしばおこります。この暴行・脅迫は財物をうばうためではないことから，強盗罪の構造にあわないので，厳密には強盗ではありません（ただし，ドロボウがさらに財物をうばおうと考えて，被害者に暴行・脅迫をくわえたとすれば問題なく強盗です）。しかし，ド

ロボウが盗みを働いた直後に上記のような目的で暴行・脅迫をくわえることは，強盗と変わらないといえます。そのため，事後強盗は強盗と同じように処罰されるのです。

第238条（事後強盗）
窃盗が，財物を得てこれを取り返されることを防ぎ，逮捕を免れ，又は罪跡を隠滅するために，暴行又は脅迫をしたときは，強盗として論ずる。

第10話
詐欺罪 人のお金をダマし取ったら?

掲示板の書き込みを信じて……

Case 1

女子高生のAは，人気アイドルグループ「風」の熱狂的なファンである。ある日，Aは，インターネット上の掲示板で，「業界関係者から入手! ライブチケットゆずります」という書き込みをみつけた。さっそく，その書き込みをしたXという男性に，「1枚3万円でゆずってほしい」とメールしたところ，Xが振込先を指定してきたので，Aは3万円を振り込んだ。しかし，その後Xと連絡がとれなくなり，チケットも送られてこなかった。

1. 詐欺罪は人の財産をだまし取る犯罪

第10話のテーマは**詐欺罪**です。テレビなどで，「振り込め詐欺」という言葉を聞いたことがあるでしょうか。「おばあちゃん，仕事で失敗して会社に迷惑をかけてしまった。いますぐ100万円必要だから振り込んでほしいんだ」などと電話でだまされて，おばあさんが銀行で100万円を振り込んでしまった。このように，孫をよそおった男が，おばあさんからお金をだまし取ることは，詐欺罪にあたります。あるいは，Case1のように，掲示板やSNSを通じて，チケットをゆずってやるとウソを言って，高校生や大学生からお金をだまし取る。こうした若者をターゲットとした詐欺も，多く発生しているようです。

2. 詐欺罪の条文をみてみよう!

詐欺という言葉を聞いたことがある人も，条文をみたことがあるとい

う人は，そう多くはないと思います。246条1項の条文をみてみましょう。

> 第246条（詐欺）
> ①人を欺いて財物を交付させた者は，10年以下の懲役に処する。

　これが詐欺罪の条文です。あっさりと書かれているので，わかりにくいかもしれません。まずは，おおまかに理解することから始めましょう。

　まず，「人を欺いて」とは，かんたんにいえば，他人をだますことです。このように人をだますことを，「**欺く行為**」といいます（「**欺罔行為**」ともいいます）。「財物」という言葉は，すでに窃盗罪（☞各論第8話）や強盗罪（☞各論第9話）で説明されていますが，わからない人は，さしあたり，現金とか商品などを意味すると理解しておいてください。

　「交付」とは，ウソを信じてしまった人が，自分の物を相手にすすんでわたしてしまうことを意味します。このウソを信じた心理状態を「**錯誤**」，被害者が財産をわたす行動を「**処分行為**」といいます。

3. **Case1**を使って整理しておこう！

　ようするに，詐欺罪とは，他人をだまして（欺く行為），ウソを信じ込ませ（錯誤），現金や商品といった財産を犯人の側にすすんでわたさせること（処分行為による財産の**移転**）によって成立する犯罪である。このようにまとめることができます。

　最初にあげた**Case1**を使って整理をしておきますと，Xは，業界関係者から入手したライブチケットをゆずるとウソを言って「欺く行為」を行い，このウソを信じ込ませてAを「錯誤」におとしいれ，3万円という財産をすすんでわたさせるという「処分行為」を行わせ，この財産をXに「移転」させたということになります。以上より，「人を欺いて

財物を交付させた」といえるので，詐欺罪が成立します。このように，だまされた被害者が自分からすすんで財産を犯人に差し出してしまうという点に，詐欺罪の特徴があります。

4.「人を欺いて」とは？

それでは，さらに詐欺罪について，くわしくみていくことにしましょう。詐欺罪が成立するためには，そもそも，犯人が，人を欺いたといえなければなりません。かんたんにいえば，「欺く」とは，ウソを言うなどして「だます」ということです。

さて，この「欺く行為」は，条文に書かれているとおり，「人」に対して行われなければなりません。機械は「人」ではないので，だます相手にはなりません。すこし古い話ですが，500円硬貨によく似たコインを自動販売機に入れて500円玉として認識させ，ジュースやおつりをもち去るという事件が多く発生しました。この場合，自動販売機をだましたといえるかもしれませんが，「人」を欺いたとはいえませんので，詐欺罪にはなりません。ジュースやおつりを勝手にもち去ったということで窃盗罪が成立し，コインを500円硬貨として使った点は，窃盗の手段の一部だということになります。

5. ウソの言葉をならべなくても「欺く行為」になることがある！

くり返し述べている通り，「欺く行為」とは人をだますことです。人をだます場合，ペラペラとウソの言葉をならべるのがふつうであることは，いうまでもありません。しかし，はっきりとウソを言わなくとも，「欺く行為」になることもあります。はたして，どのような場合でしょうか。

あとで代金を支払うつもりがないのに，ラーメン屋で「ラーメンを一

杯ください」と注文したというケースを考えてみましょう。注文を受けた店員が，ラーメンを作って，その客に差し出した場合，詐欺罪は成立するでしょうか。ラーメンをだまし取ったとして詐欺罪になるとすれば，この客はどんなウソをついたことになるのでしょうか。

　そもそも，店員は，なんでこんな客にラーメンを出してしまったのでしょう。それは，あとで代金を支払ってくれると信じていたからですね。しかし，客は「あとで代金を払います」とは言っていません。

6. 挙動による欺く行為！

　とはいえ，ここで考えなければならないのは，飲食物を注文するときに，いちいち「あとで代金は支払いますから」と言うのか，ということです。言いませんね。コンビニでおにぎりを買うときに，店員が「おにぎりは，今からあなたの所有物になります」と，あなたに言いますか。やはり言いません。なぜかといえば，言わなくてもわかること，あまりにも当然のことは，いちいち言わないからです。人間の会話とは，そういうものです。

　ですから，ラーメン屋に客として入って，「ラーメン一杯ください」と注文するのは，「あとで代金を支払います」と相手に伝えているのと同じことだといえます。このように，はっきりとウソを言ってはいないが，態度や行動を通じてウソをつくことを，「**挙動による欺く行為**」といいます。

7. 「交付させた」とは？

　すこし前のところでかんたんに説明したように，「交付」とは，ウソを信じた人が，自分からすすんで財産をわたしてしまうことです。くりかえしになりますが，ウソを信じた心理状態を「錯誤」，被害者が財産をわたす行動を「処分行為」といいます。

まんまとだまされ，錯誤におちいった被害者が，自分ですすんで犯人に財産をわたすという処分行為をしてしまう。このように，財産をわたすという動作（処分行為）を，被害者にやらせるという点が詐欺罪の最大の特徴です。被害者の物を勝手にもち去る窃盗罪と大きくちがう点だということができます。このことを具体例で確認してみましょう。

8．窃盗罪と詐欺罪のちがいを具体例で確認しておこう！

Xは，デパートの洋服屋に行った。ほしい服をみつけたがお金がなかったので，服を着たまま逃げる計画をたてた。
Xが「この服をためしに着てみたいんだけど」と言ったところ，店員は，服をXにわたして，試着室に案内した。Xは，店員がレジの奥で電話の対応をして目を離しているすきに，こっそり服を着たまま家に帰ってしまった。

さて，このケースで，詐欺罪は成立するでしょうか？　もしXの計画を知っていたら，店員はXに洋服をわたさなかったでしょう。そして，店員に「試着したい」と発言することに，「気に入らなければ返します」という意味がふくまれているのは，たしかなことです。だから，前に出てきた「挙動による欺く行為」であり，店員は，だまされて服をXにわたしているので，錯誤におとしいれて処分行為を行わせたともいえる，と考えることもできるかもしれません。

9．店内で少し着るのを許すことは「処分行為」ではない！

しかし，結論からいいますと，このケースでは詐欺罪ではなく窃盗罪が成立すると考えられています。なぜなら，ひとことでいえば，店員は，だまされて，処分行為をおこなったとはいえないからです。たしかに，店員は服をXにあずけました。しかし，それは，店内にある試着室

までもっていくことを認めたにすぎません。店内で少し着ることを許しただけで，「わたした」，つまり「処分行為」をしたとはいえないのです。

　より正しくいえば，この場合，そもそも「欺く行為」をおこなっていないということになります。被害者に処分行為を行わせるように仕組んだウソだけが，詐欺罪の「欺く行為」なんですね。試着室までもっていくことを認めさせるためにウソをつくのは，あとで窃盗をやりやすくするだけで，詐欺罪の「欺く行為」にはあたらないとおぼえておくとよいでしょう。

10. どんな場合なら詐欺罪になるのか？

　まさにここが重要なポイントですが，処分行為といえるためには，財産を完全にわたしてしまうことが必要になります。だから，洋服屋の店内で服を試しに着ることを許すだけではたりません。

　これに対し，服を家にもち帰ることを許せば，処分行為をおこなったといえます。たとえば，Xが，「この服を買います」と言って，ニセのクレジットカードを使ってレジをすませた，あるいは「1週間後に代金を支払います」とウソを言ったとします。これらの場合，店員はだまされて，服を家にもち帰ることに同意してしまった，つまり，服を完全にわたしてしまったといえます。処分行為をおこなわせるよう仕組んだウソをついたといえるので，Xは，欺く行為をおこない，店員を錯誤におとしいれて，処分行為をおこなわせたといえます。だから，詐欺罪が成立するのです。

11. 246条2項も読んでみよう！

　詐欺罪の条文（246条）は，1項と2項から成り立っています。詐欺罪の大部分のケースでは，1項が問題となることから，1項を中心にみ

てきましたが，2項についても，かんたんにみておくことにしましょう。

> 第246条（詐欺）
> ②前項の方法により，財産上不法の利益を得，又は他人にこれを得させた者も，同項と同様とする。

「前項の方法」というのは，1項と同じように，人を欺いて錯誤におとしいれて財産の処分行為をおこなわせることを意味します。1項との大きなちがいは，財物ではなく，財産上の利益（☞各論第8話）がターゲットとなるという点です（それぞれ「1項詐欺」，「2項詐欺」ともよばれています）。

● もう一歩前へ　財産上の利益とは？

　財産上の利益は，財物以外の形のない財産をひろくふくむ，ぼんやりとした用語です。どのような場合に，こうした利益を得たといえるのか，はっきりイメージできないですよね。とりあえず，ここでは，2つの例を知っておくとよいでしょう。

　1つは，だまして代金の支払いをまぬかれる場合（**債務の免脱**）です。例を見ながら確認することにしましょう。

Case 3

Xは，温泉旅館に泊まった翌朝，旅館の人から宿泊代金の精算を求められた。しかし，Xは，本当はもどってくるつもりなどないのに，「もう一泊したい。観光したあと，夕方にはもどってくる。明日，まとめて払うから」とウソを言って，料金の精算をしないまま旅館から出ることに応じさせた。Xは，そのまま家に帰ってしまった。

　このケースで，Xは，本当はすみやかに宿泊代金を支払わなければならないのに，ウソを言って，旅館の外に出ることに応じさせ，代金支払いの義務をまぬかれました。たしかに，X

は，なにか形のあるものをだまし取ったわけではありませんから，1項詐欺罪は成立しません。しかし，精算をひきのばし長時間の外出に応じさせることは，処分行為をおこなわせたといえます。そして，Xは，これにより，宿泊代金の支払いをまぬかれて財産的な利益をえたといえるので，2項詐欺罪が成立するわけです。

　もう1つは，だましてサービスをおこなわせる場合（**役務の提供**）です。たとえば，はじめから運賃を支払うつもりがないのに，タクシーに乗せてもらう場合です。犯人は，ふつうの客をよそおって運転手をだまし，ある場所から別の場所まで運んでもらうという利益をえたといえます。だまされた運転手が，犯人を乗せてタクシーを運転するのが，財産的な利益の処分行為だということになり，2項詐欺罪が成立します。

第11話
横領罪・背任罪　あずかったものをフトコロに……

Case 1

　タンバ弁護士は，高齢のオウミさんのために，その財産を管理していた（これを後見人といいます）。しかし，オウミさんの認知症がひどくなり，老人ホームに入居したのを知ったタンバ弁護士は，オウミさんの書斎にあった高価なツボ（壺）をアンティークショップに売り払い，その代金を自分の法律事務所の経費にあててしまった。

1. 後見人の裏切り──だれの所有物？だれが管理者か？

　タンバ弁護士の行為は，刑法でいう**横領罪**（252条・253条）にあたる可能性があります。横領とは，「他人から」預かった「他人の」ものを自分の物にしてしまう行為です（これを「**着服**」といいます）。その場合，だれの物品であったのか（だれが**所有者**か？），それを管理する人間はだれであるか（だれが**占有者**か？）をあきらかにしなければなりません。まず，条文をみてみましょう。

　　第252条（**横領**）
　　①自己の占有する他人の物を横領した者は，5年以下の懲役に処する。

　横領罪では，「自己の占有する他人の〔所有〕物」が客体となっています。自分の手元におくなど，実際にその物を管理している場合，刑法上は「**占有があった**」といいます。これにたいして，その物を直接に管理していなくても，それを売却・廃棄するなどして，最終的に処分することができる人を「**所有**」者といいます。他人が所有する物品を預かっている占有者が，借金の返済にこまって，つい売り飛ばしてしまう誘惑

は大きいでしょう。だからこそ，横領罪は，窃盗罪よりも軽い刑罰になったと考えられます。では，勝手に売り払ったツボ（これを被害物品といいます）が，いったいだれの所有物であるのか，また，だれの管理下にあったかで，その判断がことなってきます。

2. 横領罪と窃盗罪のちがい

では，ツボの所有者はオウミさんです。しかし，オウミさんは老人ホームに入ってしまい，もう自分の家にはいません。したがって，タンバ弁護士はオウミさんの財産の管理者として，オウミさんが所有するツボを占有していることになります。つまり，横領罪は，他人の物を管理する人間が，その他人の所有権を侵害する行為といえます。のタンバ弁護士には，横領罪が成立します。

> **Case 2**
> オウミさんは，甥である美術商のタジマくんに高価な絵を保管してもらっていた。しかし，タンバ弁護士は，勝手にその絵をタジマくんの保管庫から持ち出し，ネットオークションに出品して売り払った。

つぎに，**Case2**を考えてみましょう。問題となった絵は，オウミさんの甥であるタジマくんが管理していました。したがって，タンバ弁護士は，タジマくんの占有している絵を，勝手に持ち出して売り払ったことになります。この場合，タンバ弁護士の罪は，オウミさんの所有権だけでなく，タジマくんの占有も侵害しているため，窃盗罪（235条）になります。つまり，横領罪と窃盗罪は，その物品の所有と占有がどこにあるかによって決まります（☞**各論第8話**）。

3. 銀行の預金を横領する？

第3のケースを考えてみましょう。

Case 3 同じく後見人のタンバ弁護士は，A銀行にあったオウミさん名義の預金口座から現金を引き出して，自らの借金返済にあててしまった。

Case3 で問題となるのは，A銀行に預けたオウミさんの現金を，だれが占有しているかです。銀行口座にあるお金は，口座の名義人であるオウミさんが占有しているのか，それとも，A銀行が占有しているかをめぐって，刑法学者の間でも意見が分かれています。通常は，預金者である名義人が占有すると考えますので，**Case3**のタンバ弁護士は，後見人としてオウミさんにかわり（銀行に預ける形で）預金を占有していることになります。しかし，タンバ弁護士は，そのお金を着服しており，「自己の占有する他人の物を横領」したことになります。

4. レジからくすねたお金をもどしたカイくんの場合

現金が被害物品となる場合，どのお札を盗ったのか，どの硬貨をくすねたかは重要でしょうか。ある年度に発行されたお札や硬貨が，趣味のコレクターから非常にめずらしがられる場合もありますが，通常は，どの1万円札であっても，また，どの500円玉であっても同じお金です。したがって，一時的にレジの現金を流用したとしても，最終的には同じ金額のお金を返せばよい，という考え方もあります。具体的な例で考えてみましょう。

5. 現金は横領できない?

居酒屋 B でアルバイトをしていた大学生のカイくんは,店長から会計もまかされていたが,ある日,大学でクラスメート C から借りていた 1 万円を急に返すようにいわれた。そこで,その日の飲み客が支払った 1 万円をレジに入金しないまま,自分のポケットに隠して持ち出し,その翌日,大学で C に手渡した。しかし,その 2 日後には,アルバイト料をもらったので,レジに 1 万円をもどしておいた。

Case4 で問題となるのは,この 1 万円が「だれのもの(所有物)」であるかです。もちろん,お店の飲食代金ですから,ふつうは経営者である店長のお金になるでしょう。しかし,カイくんは,2 日後にはアルバイト料をもらって,それで穴埋めをするつもりでした。実際,Case4 の場合,お金はレジにもどっています。その点では,理論上は横領罪にあたりますが,店長に実際の被害は生じていないので,おそらく刑事事件にならないでしょう。しかし,1 万円をもどさなかったり,レジにもどす前に,店長が入金不足に気づいたりしたら,いったいどうなるでしょうか。

6. 現金は,究極の不特定物

すでに述べたように,どの 1 万円札であっても同じ価値があるわけですから,すぐにお店のレジにもどすならば,一時的に借用しても犯罪にならないという考え方があります。しかし,カイくんに入金のあてがない場合,たとえ一時的な流用(のつもり)であっても,横領罪が成立します。そこで判断の基準となるのが,一時的にせよその物を「自分のものにした」といえるかです。この点が「横領した」かどうかの決め手

になります。つまり，高価なツボであろうと現金であろうと，犯人がその所有者のようにふるまうとき，主観的にも客観的にも「自分の物にした」ことになり，「横領した」といえます。Case4 の場合，たとえ店長に見つからなくても，カイくんが（もどすあてのない）お金をレジに入れなかった時点で，横領罪が成立します。

7．横領罪は自分の権限をこえた処分行為

　横領罪は「他人の物を横領」することで，その物を預けた人の信頼にそむく行為です。Case1～3 のタンバ弁護士は，自分が保管する品物を勝手に売り飛ばしたり，借金の返済にあてるなどの法律行為をしていますが，スーパーで商品を管理する店員が，お店のパンや総菜を食べてしまうなどの事実行為も，横領罪にあたります。これらの財産的な処分行為は，所有者だけができることであり，その物を預かっているだけの犯人は，自分の権限をこえる行為をしているからです。Case1 と Case3 のタンバ弁護士は，オウミさんのツボを売却して，その代金を自分の事務所経費にまわしたり，オウミさんの銀行預金を借金の返済にあてたりしており，当然に「横領」となるでしょう。

8．不良貸付けや不正融資はどうなる？

Case 5

D 銀行の代表取締役（頭取）であった X は，融資先の不動産業者 Y と共謀して，Y が代表取締役となっており，すでに実質的に破産していた Y グループ企業にたいして，まともな再建・整理計画も立てないまま，何ら担保をとることもなく，その赤字を補てんする資金を貸し付けた。

横領罪ではありませんが，これとよく似た犯罪があります。背任罪

203

（247条）です。この犯罪では，会社の所有者である株主（かぶぬし）から経営をまかされた取締役（とりしまりやく）のように，他人（会社）の財産を占有・管理する者が犯人となります。背任罪の代表例は，バブル経済の崩壊後（ほうかいご）に一気に表面化した「不良貸付け」や「不正融資（きんゆうきかん）」です。当時，さまざまな金融機関の融資担当者が，倒産寸前（とうさんすんぜん）の会社に無担保（むたんぽ）で追加融資をしました。しかし，過去に貸し付けた資金を回収できないにもかかわらず，さらに追加融資をすれば，勤務先に新たな損害をあたえるのは明らかでしょう。

かつては，「まず立証（りっしょう）しやすい横領でやってみて，それがダメなら背任（はい）で立件（りっけん）する」という考え方が強かったそうです。横領にくらべて複雑な構成要件（こうせいようけん）である背任罪の適用は敬遠（けいえん）されがちでした。しかし，金融機関の不祥事（ふしょうじ）が続いたころから，ようやく，背任罪の適用例がふえました。その後も，バブル経済が崩壊する前後の不正融資事件をキッカケとして，背任罪で立件するのが一般になりました。上にあげた Case5 は，その典型例です。

9. 横領罪（おうりょうざい）と背任罪（はいにんざい）のちがい──条文が基本！

横領罪と背任罪のちがいを条文で確認しておきましょう。

まず，横領罪は，「①自己〔行為者〕の占有する②他人〔被害者〕の③物を④横領した者」となっています（252条）。また，252条の単純横領罪（りょうざい）を加重（かじゅう）した業務上横領罪（ぎょうむじょうおうりょうざい）の規定（きてい）では，「業務上自己の占有する他人の物を横領した者」となっています（253条）。そこで，252条の条文に Case1 の登場人物をあてはめるならば，①犯人のタンバ弁護士は，自分が占有しており，しかも，②被害者のオウミさんが所有する，③ツボを，④勝手に処分（横領）したことになります。

これに対して，背任罪では，「ⓐ他人のために⑥その事務（じむ）を処理（しょり）する者〔行為者（こういしゃ）〕が，ⓒ自己若（も）しくは第三者の利益を図（はか）り又（また）はⓓ本人に損害を加える目的で，ⓔその任務に背（そむ）く行為をし，ⓕ本人に財産上の損害を

加えたとき」となっています（247条）。この条文に **Case5** の登場人物をあてはめるならば、ⓐD 銀行のために働くⓑ犯人の X は、ⓒX 自身の利益や第三者である Y の利益を図る目的で、または、ⓓ「他人」＝「本人」である D 銀行に損害をあたえる目的で、ⓔX 自身の任務に違反して、ⓕD 銀行に財産上の損害をあたえたことになります。

10. いずれも一定の地位が必要

　横領罪とくらべるとき、背任罪の構造は、はるかに複雑なものになっています。もっとも、横領罪の「（業務上）他人の物を占有する者」と背任罪の「他人のためにその事務を処理する者」は、いずれも一定の地位を有しており（こうした犯罪を**身分犯**とよびます）、この点でも、2 つの罪の共通点と相違点が問題になることがあります。また、これらの地位にない第三者が身分のある者の犯行を助けたとき、どうなるかをめぐっては、学説の対立があります。くわしくは、「教唆・幇助と共犯をめぐる諸問題」の項目をご覧下さい（☞**総論第 13 話**）。

11. 背任罪では、図利目的・加害目的が大事

　背任罪の条文では、横領罪にはみられない主観的要件として、「自己若しくは第三者の利益を図り（**図利目的**とよばれます）又は本人に損害を加える目的（**加害目的**とよばれます）」があります。背任罪のように、犯人に一定の目的を要求する犯罪を目的犯とよびます。とくに背任罪では、実際の裁判でも、図利目的や加害目的の有無がよく争いになります。

Case
6

伯父さんが経営するE社で働くムサシくんが，新たな事業を展開するため，友人が経営するF社に出資したところ，東日本大震災などによりF社が経営危機におちいったため，追加出資をした。その結果として，E社に多大の損害を与えてしまったが，ムサシくんは，ただちに背任罪になるのだろうか。

ムサシくんは，E社のためにがんばっただけであり，伯父さんやE社自体に損害を与えるつもりはなかったでしょう。したがって，図利目的はもちろん，加害目的もないので，背任罪となりません。しかし，もしムサシくんが，ずさんな事業計画を隠すために追加融資をしたり，F社や友人の利益を優先したならば，自己（ムサシくん自身）または第三者（である友人）の利益を図る目的があったので，背任罪が成立することになります。

第12話
放火罪　何がどれだけ燃えたら放火罪が成立するの？

〈ある日の出来事〉

> シシドくんとワシオさんのかよう大学でボヤさわぎがありました。なんでも、留年の決まったロースクールの学生が、自分の成績が悪いのはロースクールの教育が悪いせいだと考え、そのうらみから、深夜、家から持参した六法や教科書にマッチで火をつけて、それによって、ロースクール棟を全焼させようとしたのだそうです。しかし、建物内の自習室に泊まり込みで勉強していた別の学生が、不審な煙に気づき、火災報知器を鳴らし、警備員がすぐさまかけつけ、必死の消火活動をおこなったおかげで、建物の外壁の一部は燃えてしまったものの、建物が全焼することはありませんでした。
>
> ワシオさんは、この件について、放火罪の成否が気になったので、オフィスアワーに、オカベ先生の研究室をおとずれました。

1. プロローグ

ワ：先生、こんにちは。昨日、大学で大変なことがあったみたいですね。

オ：まさかロースクールが放火されるなんてね……。ホント、おどろいたよ。

ワ：放火も主要な犯罪のひとつですけど、今回のケースを刑法的にみると、どうなるんですか？

2. 公共危険罪

オ：まず，放火罪の性質について確認しておこう。放火罪の規定が守ろうとしてるもの，つまり，**保護法益**はなんだと思う？

ワ：燃やされる建物それ自体，つまり，人の財産ですか？　あと，建物の中にいる人の生命や身体，建物の中にある人の財産とか？

オ：うん，放火罪の規定が守ろうとしてるのは，究極的にはワシオさんがあげてくれたもの，すなわち，個人の生命，身体，財産といった**個人的法益**であることはまちがいないね。でも，放火について，刑法は，もっと大きな視点で守るべきものをとらえてるんだ。

ワ：それはどんな視点ですか？

オ：たとえば，ワシオさんの家が放火されたら，さっきワシオさんがあげてくれたように，ワシオさんの個人的法益が侵害されることはもちろん，その火が燃えひろがることで，となりの家の人の法益が侵害され，そのまたとなりの家の人の法益が侵害され……，というふうに，その周辺一帯に法益侵害の波がおよぶ危険があるよね。つまり，ワシオさんの家に放火する行為は，ワシオさんの個人的法益を侵害するだけでなく，**公共の危険**をもたらすものということができるんだ。このような，**不特定または多数人の生命，身体，財産を危険にさらす犯罪**のことを，**公共危険罪**といって，そのような犯罪は，**社会的法益にたいする罪**と位置づけられてるんだよ。

ワ：へぇ〜。放火罪は，個人にたいする犯罪ではなく，社会にたいする犯罪なんですね。

オ：うん。だから，放火行為が複数回行われても，あるいは，1回の放火で複数の家が燃えても，それによって生じた公共の危険が1つだったら，それは1つの放火罪としてカウントされるんだよ。

3. 現住建造物放火

現住性

オ：このことをふまえたうえで，今回のケースについて考えてみよう。放火についての規定は，108条以下に規定されていて，その客体が，108条の「**現住建造物等**」か，109条の「**非現住建造物等**」か，110条の「**建造物等以外**」かによって，適用される条文がちがうんだ。今回のケースの客体であるロースクール棟は，このうち，どれにあたると思う？

ワ：ロースクール棟は人の住むところじゃないから，109条の非現住建造物ですか？

オ：108条は，「放火して，現に人が住居に使用し又は現に人がいる建造物，汽車，電車，艦船又は鉱坑を焼損した者は，死刑又は無期若しくは5年以上の懲役に処する」と規定してるから，「現に人がいる」建造物，すなわち，**現在建造物**も，108条の客体なんだ。38条1項の**故意犯処罰の原則**（☞総論第6話）があるから，客体が「現在建造物」であること，つまり，建物の中に人がいることを，犯人が認識してることが前提だけどね。

ワ：現に人がいるかどうかでかわるってことは，住んでる人がみんな出かけて留守の家は，108条の客体ではない，ってことですか？

オ：108条の客体は，「現に人が住居に使用し又は現に人がいる」建造物等だから，前半の「現に人が住居に使用」している建造物等，すなわち，人が普段そこで日常生活を送っている家や集合住宅などの**現住建造物**であれば，みんな出かけて留守の家も，そこが生活の拠点である以上，「現に人が住居に使用」している建造物にあたるんだ。ここでいう「人」には，犯人自身は含まれないから，犯人が，家族も一緒に住んでる自分の家に火をつければ現住建造物放火罪だけど，自分しか住んでない家に火をつければ非現住建造物

209

放火罪になるんだよ。

ワ：じゃあ，もし，犯人が，自分の家族を全員殺してから，その家に火をつけた，なんていう場合は，どうなるんですか？

オ：その場合，犯人以外の人はみんな死んでいて，その家に住んでる人は犯人以外にはもういないから，非現住建造物放火罪になるとされているよ。

焼損

ワ：ところで，今回のケースは，建物の外壁の一部が燃えただけですんだみたいですけど，放火罪には 112 条に未遂罪 (☞総論第 11 話) の規定があるから，放火未遂罪ってことになるんですか？

オ：ポイントは，建物が「**焼損した**」といえるかどうかだね。

ワ：辞書をみると，「焼損」とは，「焼けてこわれること。焼いてこわすこと」とありますね。建物の外壁の一部が燃えただけなら，その建物が「こわれた」とまではいえない気がするから，やっぱり，今回のケースは未遂ですか？

オ：放火罪を人の建物という財産を損壊する罪ととらえれば，今回のケースは建物がその効用を失うほど「損壊」したとまではいえないから，ワシオさんのいうとおり未遂になりそうだけど，判例は，建物が「焼損」したと認められるのは，「**火が媒介物をはなれて，目的物が独立して燃焼を継続し得る状態に達したとき**」だとする，**独立燃焼説**という見解にたってるんだ。

ワ：辞書に書かれてる意味とは，ちょっとちがうんですね。

オ：放火罪が，不特定または多数人の生命，身体，財産を危険にさらす公共危険罪だってことは，最初に確認したよね。このような**危険犯**というのは，それが既遂となるためには，現実に法益が侵害されたことまでは必要なくて，**法益侵害の危険**が生じていればたりるんだ。つまり，現実に街中が火の海にならなくても，建物が燃えれ

ば，その火が燃えひろがって，実際にそうなる危険があるわけだから，その危険を生じさせたことで，犯罪としては既遂に達したことになるんだよ。

とりわけ，現住建造物放火罪（げんじゅうけんぞうぶつほうか・ざい）は，さっき説明した意味で建物が「焼損」しさえすれば，公共の危険が発生したことをいちいち確かめるまでもなく成立する犯罪だから，建物の独立燃焼が認められると，その時点で既遂となるんだ。逆に，独立燃焼の状態にいたらなければ，現住建造物放火罪は未遂ということになるんだよ。

ちなみに，現住建造物放火罪は，113条によって，まだ準備しただけで実行には着手していない，予備（よ・び）の段階も処罰の対象とされているよ。

ワ： 今回のケースだと，実行の着手というのは，マッチに火をつけることですか？

オ： それだけだとちょっと早いかな。一般的に，実行の着手が認められるのは，法益侵害の現実的危険が生じたときだとされてるから（☞総論第3話），今回のケースだったら，六法などに火をつけて，建物にいざその火力をおよぼそうとしたときくらいじゃないかな。そのへんは，ケース・バイ・ケースだろうね。

ちなみに，火をつける前でも，その引火性（いん・か・せい）の高さを理由として，ガソリンをまいて，あとは火をつけるだけの状態にした時点で実行の着手が認められたケースもあるよ。

4. 他人の所有する非現住建造物（ひ・げんじゅうけんぞうぶつ）への放火

ワ： 今回のケースで，もし建物内にだれもいなくて，犯人もそのつもりで放火していたとしたら，どうなるんですか？

オ： そのような，**非現住建造物**または**非現在建造物**（ひ・げんざいけんぞうぶつ）に放火した場合については，109条1項に規定があるよ。

ワ：「放火して，現に人が住居に使用せず，かつ，現に人がいない建造物，艦船又は鉱坑を焼損した者は，2年以上の有期懲役に処する」とありますね。

オ：これも，建物が「焼損」しさえすれば，公共の危険が現に発生しなくても成立する犯罪なんだけど，109条1項の客体に放火しても，中にいる人の生命や身体に危険がおよぶことはないぶん，108条よりも刑が軽くなってるんだ。

また，109条1項についても，112条で未遂が，また，113条で予備が，それぞれ処罰の対象になっているよ。

5．自己の所有する非現住建造物への放火

ワ：109条2項をみると，「前項の物が自己の所有に係るときは，6月以上7年以下の懲役に処する。ただし，公共の危険を生じなかったときは，罰しない」とありますが，1項とどうちがうんですか？

オ：109条2項は，まず，本文で，自分のものである非現住建造物等に放火した場合には，それが自分のものであることを理由として，他人のものである非現住建造物等に放火する1項の場合より，刑が軽くなることを規定してるんだ。そして，ただし書で，108条や109条1項の場合とはちがって，放火はしても，それによって現に公共の危険が発生しなかったならば，放火罪として処罰しないよ，ということを規定してるんだよ。

ワ：本文については問題なくわかったんですけど，ただし書について，もうちょっとくわしく教えてもらっていいですか？

オ：たとえば，ワシオさんが，自分自身の持ち物を，捨てようが，壊そうが，燃やそうが，持ち主である以上，自由だよね。だとすれば，自分のものである非現住建造物を燃やすのだって，持ち主である以上，自由であっていいはずでしょ。でも，そのことによって，「ま

わりの家が燃えちゃう！」という公共の危険を現に発生させてしまったら、さすがにそれはまずいよね。だから、このような具体的な危険を発生させた場合には処罰するけど、そうでないかぎりは処罰しないよ、ということを規定してるのが、この条文なんだ。

ワ：108条や109条1項は、建物が「焼損」、つまり、独立燃焼すれば、公共の危険が現に発生しなくても、それが発生したものとみなされて既遂になる、ということでしたけど、109条2項は、建物が「焼損」しても、それによって公共の危険が現に発生しなければ既遂にならない、ってことですね。

オ：そういうこと。その意味で、この犯罪は、危険犯の中でも、具体的な危険が発生したことを必要とする、**具体的危険犯**なんだ。これにたいして、そのような具体的な危険の発生を必要としない、108条や109条1項の罪は、**抽象的危険犯**とよばれているよ。ちなみに、もともと自由に処分できるはずの自己の所有する建造物等に放火することがここでの実行行為だから、それをしようとすることももちろん自由なので、112条、113条をみてもらったらわかるとおり、その未遂や予備を処罰する規定がないというのも、109条2項の特徴だね。

ワ：それが自分のものなら、公共の危険を発生させないかぎり、どんな場合でも放火罪として処罰されることはないんですか？

オ：いや、115条にあるように、それが自分のものでも、借金などのカタとして差押えを受けていたり、人に貸してるものだったりする場合には、他人の物を焼損したのと同じにあつかわれて、1項で処罰されることになるんだ。

6. 建造物等以外への放火

ワ：110条には、**建造物等以外**に放火した場合についての規定もありま

すね。たとえば何に放火したらこれにあたるんですか？

オ：110条は，1項で「放火して，前2条〔108条，109条〕に規定する物以外の物を焼損し，よって公共の危険を生じさせた者は，1年以上10年以下の懲役に処する」，2項で「前項の物が自己の所有に係るときは，1年以下の懲役又は10万円以下の罰金に処する」と規定していて，1項と2項の関係は，109条と一緒で，客体が他人のものか，自分のものかのちがいなんだけど，109条とはちがって，1項と2項のどちらも，公共の危険の発生が必要とされる，具体的危険犯である点が特徴だね。

で，何が「建造物等以外」かだけど，110条の客体は，108条の「現に人が住居に使用し又は現に人がいる建造物，汽車，電車，艦船又は鉱坑」，それから，109条の「現に人が住居に使用せず，かつ，現に人がいない建造物，艦船又は鉱坑」以外のものをひろく含んでるんだ。

ワ：つまり，そこにはあがってない，現に人がいない汽車や電車，それから，自動車やバイクなんかは，110条の客体になるんですね。

7. 建造物の概念

オ：ここで，そもそも「建造物」とは何か，ということも確認しておこうか。

ワ：たしかに，「建造物」って何ですか？　たとえば，犬小屋とかも建造物になるんですか？

オ：判例は，建造物とは，家屋やこれに似た建築物のことで，屋根があって，壁または柱で支えられていて，土地に定着していて，少なくともその内部に人が出入りできるものであることが必要だとしているよ。

ワ：そうすると，犬小屋は建造物には入りませんね。

オ：そうだね。ちなみに，建造物に付属^{ふぞく}している物が建造物の一部だといえるためには，それをこわさなければ取り外せない状態にあることが必要なんだ。

ワ：ふすま，たたみ，カーテンなんかが燃えただけでは，建造物が燃えたことにはならない，ってことですね。

オ：そういうこと。もっとも，それらの燃えやすそうなものを燃やすことを手段として，建造物自体を燃やそうとすれば，それは，建造物に対する放火行為ということになるんだ。110条の客体であるバイクなどの建造物等以外の物や，109条の客体である非現住建造物等を燃やすことを手段として，108条の現住建造物等放火罪が実現されることもあるんだよ。

ワ：要^{よう}は，犯人の真^{しん}のターゲットは何かが重要，ってことですね。

8．エピローグ

オ：これらのほかにも，放火についてのさまざまな規定や，むずかしい論点^{ろんてん}がまだまだたくさんあるんだけど，それらについては，六法や，本格的な刑法各論の教科書などで，ぜひ確認してみてね。

ワ：なんだか話がすっかり広範囲^{こうはんい}に燃えひろがっちゃいましたね。

オ：そうだね。その火をしずめるために，このへんでコーヒーブレイクにしようか。せっかくだから，シシドくんもさそって……。

ワ：あ，いや，シシドくんはちょっと……。

オ：あっ……（察し）。

第 ⑬ 話

偽造罪
ぎ ぞう ざい
ニセ札，偽造カード，ウソの文書など

ある夫婦の会話

夫

> ねえ，最近，大きな買い物をしなかったかい？

妻

> どうしてそんなことを聞くの？　そういえば，銀行の口座
> 残高がかなり減っていたわ。

夫

> 少し前にクレジットカードがみあたらないので，紛失届（ふんしつとどけ）を
> 出したんだけど，いつの間にかサイフにもどっていたんだ
> よ。もしかしたら，その間に偽造（ぎぞう）されたかもしれないな。

妻

> サイフの中の現金は，無事（ぶじ）だったの？　キャッシュカード
> はあったの？　運転免許証（めんきょ）は大丈夫（だいじょうぶ）だった？　どれも悪（あく）
> 用（よう）されたら大変よ。

夫

> そうだね。サイフの中には大切なものがいっぱいだね。こ
> れからは気をつけるよ。

妻

> ところで，どこでクレジットカードをなくしたと思った
> の？

夫

> あのスポーツジムかな，それとも，彼女の店かな……（あ
> っ，しまった）。

---

1. 偽造罪の出発点はニセ金づくり

偽造といえば，ニセ札づくりが最初に思いうかぶでしょう。アニメ「ルパン三世」シリーズの最高傑作とされる「カリオストロの城」では，悪役のカリオストロ伯爵が「ゴート札」というニセ札の製造を資金源にしていました。現在では，クレジットカードのほか，Suica，ICOCA などの交通系カードや，コンビニで使う QUO カードといったプリペイドカード，PayPay などの電子マネーも急速に普及しています。しかし，日本では，まだ現金払いが中心ですから，もしニセ札やニセ硬貨が横行することで，お店が現金払いを拒否したら，買い物にもこまってしまいます。その意味で，現金にたいする国民の信頼を守らねばなりません。

2. いろいろな支払手段

通貨偽造の罪は，各種の偽造罪の中で，最初に登場します（刑法第 2 編第 16 章以下）。しかも，偽造罪全体の代表例ともいえます。

そもそも，「通貨」とはなんでしょうか。**通貨**とは，日本国内で流通する「貨幣，紙幣または銀行券」であって，どこでも支払いに使えることを国家が保障したものです（これを強制的通用力といいます）。これにたいして，クレジットカードや電子マネーは，民間のカード会社や金融機関が発行しています。強制通用力がないため，お店によっては「カード払いお断り」ということもあるわけです。

つぎに，「**貨幣**」とは，金属のお金（硬貨）です。他方，かつて「お札」と呼ばれた「紙幣」は，現在では発行されておらず，いまは，日本銀行が発行する「**日本銀行券**」しかありません。古銭や古札は，たとえコレクターが高額で取引していても，すでに強制通用力がないので，刑法上の通貨に入りません。ただし，外国の政府が発行したお金（外国通

貨）は，一定の範囲（日本国内で流通する限度）で保護されます（149条）。

3．偽造と変造のちがい

刑法では，まず，①「偽造」と②「変造」の行為が処罰されます（148条1項）。①通貨発行権のない人間が，勝手にニセ金をつくれば「偽造」であり，②ホンモノに手をくわえることが「変造」です。いずれも，一般人からみてホンモノのお金（真貨）と見間違うような外観になっていなければなりません。あきらかにニセモノとわかるような場合はもちろん，気をつければニセモノとわかる場合ものぞかれます（ただし，こうした「模造」も，特別法で処罰されています）。その手段・方法として，電子コピーはもちろん，手書きであってもかまいません。

なお，ホンモノに手をくわえる場合も，まったく別種のお金に作り変えたならば，「偽造」となります。たとえば，貨幣をとかして別の種類のものに作り変えたり，銅貨に銀メッキをしたりするような場合です。これにたいして，複数の1万円札を一部だけ切りとったうえ，切りはなしたものを，はり合わせて1枚多くのお札を作る場合や，もう1枚の貨幣を作るため，金貨の中身をくりぬくような場合は，「変造」となります。

4．使うつもりで作ることが必要です

偽造罪では「行使の目的」が必要とされています（目的犯の一種です）。その場合の「行使」とは，ニセ金をホンモノのお金として使う行為であって，代金支払や両替のほか，自動販売機に投入する場合も含まれます。実際にホンモノとして使用すれば，偽造通貨行使罪になりますが（148条2項），偽造・変造する時点では，まだ実際に使用していません。実際に使用するまで待てば「行使罪」となりますが，それ以前に

偽造罪を成立させるためには，いつか行使しようという「目的」が必要となるわけです．

　ウラ社会では，通貨・カードや文書の偽造を職業とする人間（いわば，プロの「ニセモノ屋」です）がいるといわれます．かれらは，自分自身でニセ金を使うつもりはないのですが，偽造を依頼した者がホンモノとして使う予定だと知っていれば，行使の目的があったことになります．これにたいして，学校の教材に使ったり，たんに収集品として居間の壁にかざるつもりであれば，行使の目的がなかったことになります．

5. キャッシュレス時代の到来

　過去の支払手段をふり返ってみるならば，以下のようになります．まずは，現金が広く使われましたが，多額の現金を持ち運ぶのは面倒ですし，途中でうばわれるおそれもあります．そこで，実際の取引では現金にかわる支払の手段として手形や小切手が使われるようになり，身近なところでは，商品券などもよく利用されるようになりました（これらを有価証券とよびます）．その後，小銭を出し入れするのは面倒ということで，各種のプリペイドカードが登場しました．もちろん，高額な買い物ができるクレジットカードも頻繁に使われています．

6. 支払用カード電磁的記録に関する罪

　しかし，上述（☞1, 5）したプリペイドカードの情報は，IC方式や磁気記録方式など，人間には読みとれない形になっています．同様にして，ICチップの入ったクレジットカードも，それだけでは「有価証券」といえません．「証券」は広い意味で「文書」の1つでなければならないからです（☞7）．そこで，カード形式の電子マネーも含めて，現在

の刑法典では，「支払用カード」の「電磁的記録」として保護されます（163条の2以下）。お金の出し入れ（条文では「財産上の事務処理」）に必要な電磁的記録を入力した「支払用カード」は，実際上も，現金や有価証券と同じ機能をもっていますので，これらを不正に複製（偽造）して悪用する事例は，支払用カード電磁的記録不正作出の罪として処罰されます（163条の2）。

7．文書偽造の罪——「文書」とは何か

　人々の社会生活にあって，現金や有価証券，支払用カードだけでなく，各種の「文書」が，情報の伝達や証明手段として使われています。そこで，これらの文書も，偽造や変造から保護する必要があります（これが**文書偽造の罪**です）。刑法上の「文書」は，外形においては，①文字や記号のように，人間が読みとれる手段（これを「可読的符号」といいます）により，②ある程度，永続すべき状態で物体上に記載されなければなりません。また，その内容についても，③なんらかの意思または観念の表示であって，④社会生活上も重要な事項の証拠となりうるものでなければなりません。

　①の要件からは，人間にとって直接には記載内容がみえないディスクやメモリの記録は「文書」となりません。別に「電磁的記録」として保護されます（161条の2）。また，②によれば，砂浜に書かれた文字や図形は，すぐに消えてしまうため「文書」から除外されます。他方，黒板にチョークで書かれた内容は，立派に文書となります。さらに，③と④の要件があるため，ホテルのクロークで渡す番号札などは，刑法上の「文書」になりません。無記名の書類やたんなる落書きも，重要事項の証拠となる社会的な信用がないとされます。「文書」として信用されるためには，だれの名義の文書であるかが重要であり，そうした**作成名義人**が明記されている必要があるからです。

もっとも，上に挙げた文書の諸要件からして，「文書」は，手書きやオリジナルの書面にかぎられませんし，機械的なコピーであっても「文書」となります。

8. 運転免許証と学生証のちがい ── 作成名義人

つぎに，刑法上の「文書」は，公文書（こうぶんしょ）（154条〜158条）と私文書（しぶんしょ）（159条〜161条）に分類されます。たとえば，みなさんが使う運転免許証や学生証は，いずれにあたるでしょうか。

まず，運転免許証は「免状（めんじょう）」にあたりますし，パスポートは「旅券」となります（157条2項）。ここで問題とされるのは，だれが作成名義人であるかです。運転免許証は，みなさんが居住（きょじゅう）する各都道府県の公安（こうあん）委員会（いいんかい）が発行しています。公安委員会は，刑法上の「公務所」ですから，運転免許証は公文書となります。パスポートも，外務大臣（がいむだいじん）の発行する公文書の1つです。したがって，それ以外の者が勝手に作成すれば，**公文書偽造罪（こうぶんしょぎぞうざい）**となります（155条）。

これにたいして，学生証は，公立学校の校長（学長）が発行したものであれば，公文書となりますが，私立学校（長）が発行する学生証は，私文書となります。運転免許証や学生証は，いずれも日常生活で身分証明にもちいられますが，公文書と私文書のいずれであるかは，文書に記載された作成名義人がだれであるか（公務員か？またはそれ以外か？）によって決まります。したがって，私立学校の学生証を学校長以外の者が勝手に作れば，**私文書偽造罪（しぶんしょぎぞうざい）**となります（159条）。

9. 文書の作成名義と記載内容

刑法上の文書は，作成名義人の存在を前提としています（☞8）。まさしく作成名義をいつわることが「偽造（ぎぞう）」となるからです。**8**でのべた

学生証の偽造では，作成名義人である学校長以外の者が，高性能コピー機を利用して新たに学生証を作ったり，ホンモノに手を加えて別の学生証にしてしまったとき，「偽造」となります（155条・159条）。すでに存在する文書の重要部分を変更する場合にも，まったく別の文書に加工してしまったら，もはやもとの文書と同一性がないため，たんなる「変造」とはいえず，「偽造」になります。

これにたいして，一部の文書では，作成名義人がみずから，ウソの内容を記載する場合があります。この場合は，**虚偽文書の作成**として処罰されます（156条・160条）。文書の表面にある作成名義をいつわったかどうかを重視する考え方を，**形式主義**といい，その内容にウソがあるかどうかを重視する考え方を，**実質主義**とよびます。虚偽文書の作成は，実質主義にもとづいて処罰されます。

なお，作成権限のない者が他人名義の文書（これを不真正文書といいます）を作成ないし改ざんするのを，**有形偽造**というのにたいして，作成権限のある者が自分の名前で虚偽内容の文書（これを虚偽文書とよびます）を作成することを**無形偽造**といいますが，それぞれ，「形式主義」と「実質主義」の考え方に対応しています。

● **もう一歩前へ**

Case 1

ヤマトくんは，女友達であるシマさんと，双方の両親に内緒で一泊旅行をした際，ホテルの宿泊申込書に別人の名前と連絡先を記入しました。

これは私文書偽造罪にあたるでしょうか。ホテル側にとっては，確実に宿泊料金を取ればよいとすれば，当該文書の性質上，本当の名前を書かなくても文書偽造罪は問題になりません。しかし，旅館業法によれば，処罰される可能性があります。旅館業法では，公衆衛生などを理由として，宿泊者名簿

に宿泊者の氏名・住所・職業などを記載させることになっており（旅館6条），旅館側から求められたにもかかわらず，ウソをついた場合には，拘留または科料となるからです（旅館12条）。

Case 2

期末試験の当日，学生証を忘れたイズモくんは，たまたま廊下にいた友人の学生証を借りて受験しましたが，答案には自分の名前を書きました。これにたいして，オオスミくんから替え玉を頼まれたナガトくんは，答案にオオスミくんの名前と学生証番号を記載しました。イズモくんとナガトくんは，刑法上どうなるでしょうか。

イズモくんは，自分の名前で答案を作成したため，偽造にはなりません。これにたいして，ナガトくんは，受験者の学力を示す「事実証明文書（答案）」の作成名義をいつわっており，たとえオオスミくん本人から頼まれたとしても，その答案を偽造したことになります。

第 14 話

公務執行妨害罪，司法作用に対する罪 警官にむかついた?

1. 警官に対する暴行

Case 1

大学生 X は，自転車に乗ろうとしたところ，カギが見つからなかったので，近くから石を拾ってきてカギをたたきこわし，自転車に乗った。赤信号で止まっているところに，パトロール中の警官 A が X に声をかけてきて，「その自転車はカギがこわれているみたいだけど」と言われた。X は，ドロボウとうたがわれたのだと思いムカついて，止まるように指示する A の体を押すようにして強くペダルをふみこんで走り出したので，A は転んでしまった。

（日常的ないい方で「警官」としましたが，正式には「警察官」です。）

第95条（公務執行妨害及び職務強要）
①公務員が職務を執行するに当たり，これに対して暴行又は脅迫を加えた者は，3年以下の懲役若しくは禁錮又は50万円以下の罰金に処する。
②公務員に，ある処分をさせ，若しくはさせないため，又はその職務を辞させるために，暴行又は脅迫を加えた者も，前項と同様とする。

　警官が罪を犯した疑いのある人に質問することは，職務質問といって，法律で認められている警官の職務です。A が X に声をかけたのは，公務員の職務，つまり公務の遂行です。法律によって認められた国家の仕事は，当然，きちんと行われることが必要です。最初に条文をしめした**公務執行妨害罪**（95条）は，その名のとおり，公務が問題なく遂行できる状態を保護しようとするものです。A が警官という公務員であり，A が声をかけてきたときに X が暴行をしたのが「その職務を執行するに当たり」であるのなら，**Case1** の X には，公務執行妨害罪が成立するでしょう。

2．国家的法益

　公務は，**国家的法益**のひとつで，生命や財産のような**個人的法益**，公共の安全やお金に対する信用などの**社会的法益**と区別することができます（☞各論コラム⑤犯罪の分類と整理──各論のまとめ）。ふつう警察は都道府県ごとに組織されているので，警官は地方公務員ですが，地方自治体も憲法を基礎とする国の組織の一部であり，警官も仕事として国家の権限を行使しています。

　公務遂行のような国民に対しておこなわれる具体的な国の仕事は，**国家の作用**といいます。公務執行妨害罪は，国家の作用に対する罪を代表する犯罪です。公務員に対し暴行・脅迫をする罪ではありますが，公務員個人の利益を一般市民の利益よりあつく保護する趣旨の罪，つまり暴行罪・脅迫罪（☞各論第2話，各論コラム④「暴行にもいろいろ」）の一種ではありません。

　条文に公務の「執行」と書いてありますが，**公務執行妨害罪が保護する公務**は，公務員が職務として行っているものであれば，強制的手段を行使するものに限られません。役所で机に向かって書類を作ることや，市バスの運転をしたりすることも，公務に含まれます。運営の財源や仕事の性質から考えて，公共性が高いからです。こうした「非権力的・現業（管理業務ではなく現場での仕事）的」公務は，業務妨害罪にいう「業務」としても保護されることになります（☞各論第6話）。

　上にかかげた95条には，これからおこなわれるはずの公務を保護する職務強要罪（2項）もふくまれていますが，ここでは，現に行われる公務を保護する公務執行妨害罪（1項）に焦点を合わせます。

3.「当たり」って?

Case 2

X は, 後日, コンビニに出かける途中, 警官 A が交番の前に立っているのを見て, 腹が立ってきた。X は, 通りすがりに A に脚をひっかけて転倒させた。

　休憩(きゅうけい)などで公務が中断されることはありますし, 公務員であるバスの運転士が市バスに乗務するような場合は, ひとつひとつの乗務ごとに区切ることができます。執行するに「当たり」というのは, その区切られた公務の遂行中のことです。ただ, 公務直前の段階も, 公務が妨害される危険があるので「当たり」の中に含まれます。また, 局長や委員長など「長」の名のつく人は, 全体の管理の仕事(**統括的職務**(とうかつてきしょくむ))をしているため, 仕事に区切りをつけた後も職務遂行中とされる場合があります。たとえば, 議会の議長が会議の終了を宣言した後, 引き続き生じたトラブルに対応することも, 職務になります。

X　A がぼーっと通りをながめているのも, 職務なんですか。

P (教授)　あれ, **Case2** の X さん本人から質問ですか?　いやいや, 交番で待機(たいき)したり, 市民の安全を見張(みは)ったりするのも, もちろん警官の職務です。

X　では, 警官は, 勤務時間中ずっと職務を執行するに「当たり」のようになってしまいませんか。

P (教授)：警官の, とくに交番における職務はちょっと特別で, 区切りにくいところがありますが, たとえば, 仮眠をとっているなど, 完全な休憩中はのぞかれるでしょう。

4. 違法な公務

Case 3：警官Bは, Yが大学に行こうとリュックサックを背負って歩いているときに, 「君, 止まりなさい」と命令し, 何ごとかと思って立ち止まったYのリュックサックに手をかけて取ろうとした。Yは, 「何をするんですか」と大声を出しながら, 手を払いのけ, Bの胸のあたりを片手で突いた。

Case3 のYの場合, 鍵の壊れた自転車に乗っているのとは違って, 犯罪の疑いのある場合（警察官職務執行法2条1項）ではないので, Bがいきなりバッグを奪おうとするようなことは認められません。違法な職務を守る必要がないのは当然ですから, 条文には書かれていませんが, 公務執行妨害罪の構成要件に該当するのは, 公務員が**適法な職務**を行う場合だけだと考えなければいけません。Case3 の警官Bの行為は公務として適法でないから, その際に暴行しても公務執行妨害罪にはならないということです。

Y：刑法が味方についてくれた感じです。それなら, Case1 でも, ドロボウでないXに言いがかりをつけるAの行為は, 適法な公務ではないといえませんか？

P（教授）　Yさんも登場してXさんと共闘ですか！　公務が適法かどうかは，法令の規定と当時の事情とを照らし合わせて客観的に判断すべきだとされています。適法とするためには，①その立場の公務員が行うことになっている仕事（**一般的職務権限**）に属すること，②その状況でその権限を行使することが許されるような**具体的職務権限**があることが必要です。さらに，③職務を行う際に決められている**重要な方式**にしたがうことも要求されます。

Y　カギの壊れた自転車に乗っていたら職務質問されても当然，ですか。

P（教授）　**Case3**のBには，一般的職務権限すらないので職務は明らかに不適法ですが，判断すべきことはいろいろで，簡単には決められないこともあります。職務が適法であるために「重要な」方式を守ることとされているのは，小さな問題があっても公務を保護する必要がある場合もあることを意味します。このようなときは，たとえば，警官のその行為がどんな役に立ち，そのせいで相手にどのくらいの負担が生じるか，といったことを比較して考える必要があります。**Case1**の場合は，とくに大きな負担をさせるわけではないので，適法とされるでしょう。

5. 警官をなぐったわけではない！

Case 4
警官Bが自転車でパトロール中，通りかかったYを不審者として制止し，職務質問をしようとした際，Yが近くに止めていたBの自転車を蹴り飛ばした。

　脅迫を手段としても公務執行妨害罪は成立するのですが，警官の職務を妨害するとなると，やはり暴行による場合が多いでしょう。刑法の中で使われている暴行は，いくつかのタイプに分けられます（☞各論コラム「暴行にもいろいろ」）。公務執行妨害罪の条文を確認すると，暴行は，「これ〔公務員〕に対して」行われるものであれば構成要件に該当します。**Case4**のように，公務員の使う自転車に対して行使される有形力でもよく，公務員に間接的に影響を与える「間接暴行」を含みます。

　さらに，公務執行妨害罪が「公務（の円滑な遂行）」を保護するものであることから，公務の執行を「妨害」する危険を重視し，必ずしも公務員の身体に影響をあたえる暴行でなくてもよいとされています。たとえば，覚せい剤の押収（強制的に取り上げてしまうこと）という公務をおこなう公務員の目の前で，覚せい剤の液が入った注射器をふみつけて壊して流れ出させるのは，押収ができないようにする有形力の行使だから，公務執行妨害罪にあたるとされるのです。

6. 犯人や証拠をかくす罪

Case 5
Yは，公務執行妨害の罪で懲役に処せられて刑務所に入ったが，面会に来た父親Zからひそかに受け取った工具で刑務所の鉄格子を壊して脱出し，街中に逃げ出した。

　国家の作用としての職務を一般的に保護する公務執行妨害罪だけでな

く，特定の種類の国家の作用を保護する趣旨の犯罪もあります。

逃走の罪（97条〜102条）は，国家の身体拘束，拘禁（＝捕らえて，そこに閉じこめておくこと）作用に対抗する犯罪です。条文を確認すると，刑務所の看守のすきをついて逃げるだけでも（単純）逃走罪（97条）になりますが，**Case5**のYは，「拘禁場」を損壊して（壊して）逃走したので，加重逃走罪（98条）にあたります。このとき，Zは，道具を提供することによってYが逃走しやすくしたので，加重逃走罪の幇助犯（62条☞総論第13話）になるでしょう。さらに，ZがYに逃走をすすめたときは，加重逃走罪の教唆犯（61条☞総論第13話）ということになります。ほかに，拘禁されている人を奪い取る，拘禁する側の看守者などが逃走に手を貸すなどの行為も処罰されます。

> Zは，息子Yが刑務所から実家に逃げ帰ってきたので，家に入れてかくまってやった。さらにYが持っていた，逃走の際に使った工具を見て，証拠になりそうだと思い，海に放り投げて捨てた。

Case6のZが，Yをかくまったのは，**犯人蔵匿罪**（103条），逃走罪の証拠になりそうな物を捨てたのは，**証拠隠滅罪**（104条）にあたります。これらの罪は，捜査や裁判などを含む国の刑事司法を保護するためのものだと考えられます。証拠隠滅罪の条文には「他人の刑事事件に関する証拠」と書いてあります。「自分」の事件に関する証拠を隠滅（かくしたりなくしたりする）しても構成要件に該当しないのです。

> 自分の事件の証拠隠滅が処罰されないのは，なぜですか。

Z

P（教授）

Ｚさんが出てきてももうおどろきませんが……。それは，「助かりたいと思うのは無理もない」，「自分に不利な証拠を隠滅したくなるのはだれでも同じで，責められない」と考えられるからです。刑法学では，適法行為を期待することができないという意味で「期待可能性がない」といいます（☞総論第9話）。実は，同じ理由で，明文はありませんが，犯人自身がかくれる場合には，犯人蔵匿罪の構成要件に該当しないと解釈されています。

Ｚ

わたしは，ともかく息子を助けたかっただけです。親子の情というのも，だれでも同じで，理解してもらえると思うのですが。

P（教授）

よくわかります。実際，105条の「犯人又は逃走した者の親族がこれらの者の利益のために犯したときは，その刑を免除することができる」という規定は，親族の自然な感情にもとづく期待可能性の低下を考慮したものです。

Ｚ

なるほど。刑法も結構人間的なところがありますね。

● もう一歩前へ

　96条から後には，封印等破棄罪，強制執行妨害に関係する罪，国の財産の使い道を決める際の公正な競争を害する罪などが規定されています。95条の罪が公務の「遂行」を保護するためのものであるのに対し，公務によって実現された「効果」の保護を重視する類型であるということができるでしょう。

このほかに，国家の司法・審判作用を保護する犯罪があります。

裁判の場で証言する証人が嘘をいうと，**偽証罪**（169条）になります。国家の審判作用（刑事事件に限りません）を保護する犯罪です。また，人を陥れて刑事・懲戒の処分を受けさせる目的で，警察などに嘘を話すのは，**虚偽告訴等の罪**（172条）にあたります。これは，国家の刑事司法作用・懲戒作用を保護するものですが，ウソによって刑事処分（刑罰など）を受ける危険にさらされる特定の被害者が存在しますので，個人の安全をもあわせて保護するものです。

偽証罪での「虚偽」は，行為者の記憶に反することを意味します（主観説）。たとえば，青い自動車を見たと記憶している証人が，黒い自動車を見たと述べる場合です。もし，記憶違いで実際に黒い自動車だったのなら，「結果オーライ」で処罰しなくてよいとも考えられます（客観説）。しかし，そうすると，証人に対し，記憶に反してでも客観的真実を述べることを求めることになってしまい，証人という制度の趣旨から外れるおそれがあります。

これに対し，虚偽告訴罪の場合の虚偽とは，チカンをしていない人をチカンだと訴え出るように，客観的真実に反することです（客観説）。証人の場合とは違って，認識したとおりに述べるより，客観的真実を告げることの方が重要だと考えられるからです。

コラム④　暴行にもいろいろ——暴行の概念

1　暴行の分類

　刑法には，暴行罪（208条）だけでなく，手段として暴行が規定されている犯罪がありますが，その意味する範囲がことなり，4つにわけられてきました。

①　一番広い意味（最広義）の暴行は，「（不法な）有形力の行使」のことです。とくに限定がつかず，対象は人でも物でもよいことになります。内乱罪（77条），騒乱罪（106条）・多衆不解散罪（107条）の暴行がこれにあたります。

②　広い意味（広義）の暴行は，「人にたいする有形力の行使」です。攻撃の方向についての限定がくわわります。広義の暴行と解される犯罪としては，公務執行妨害罪（95条☞各論第14話），特別公務員暴行陵虐罪（195条），強要罪（223条1項）などが代表例です。

③　狭い意味（狭義）の暴行は，「人の身体にたいする有形力の行使」です。②の広義の暴行が「人に向けられた」ものでよいのにたいし，狭義の暴行は「人の身体にたいする」ものに限定されます。暴行罪（208条☞各論第2話）の暴行は，狭義の暴行です。

④　一番狭い意味（最狭義）の暴行は，行為の対象ではなく程度による限定がつき，「相手の反抗を抑圧するに足りる程度の有形力の行使」と定義されます。たとえば，倒れた相手の上から体重をかけておさえつけるような場合です。強盗罪（236条☞各論第9話）の手段になっている暴行は，最狭義の暴行です。

2　最狭義の暴行をめぐる問題

　恐喝罪（249条）にいう「恐喝」は，こわがらせる行為をいいますが，暴行して，さらに暴行されるのではないかと，おそれさせることもふくみます。そうすると，暴行を手段としても，恐喝罪になる場合と強

盗罪（236条）になる場合とがあることになります。2つの罪は，恐喝罪の暴行を強盗罪の暴行の程度に達しないものとして区別しています（☞各論第9話）。

　176条の強制わいせつ罪，177条の強制性交等の罪（☞各論第4話）の手段である暴行も最狭義に分類されてきましたが，これらの罪の暴行は，「反抗を著しく困難にする程度」のものと，少しかえて定義されています。「反抗を抑圧する程度」よりは弱い暴行を含む趣旨です。わいせつ行為・性交等の行為そのものが有形力の行使ですし，性犯罪については物理力による抑圧以外にも被害者が抵抗しにくい事情があるからです。また，性的自由は重要な法益であるのに，強盗罪にたいする恐喝罪のように比較的弱い手段による侵害から法益を守る犯罪類型がないことも考慮されるでしょう。この点で，暴行概念の4分類は，少し修正されることになります。

3　脅迫についてもひとこと

　暴行とならんで手段として規定されることの多い脅迫も，①「害悪の告知」を広くふくむ最広義（内乱罪），②害悪の内容が限定されている狭義（脅迫罪。222条），③「相手の反抗を抑圧するに足りる程度」のものを意味する最狭義（強盗罪）に分類することができます。

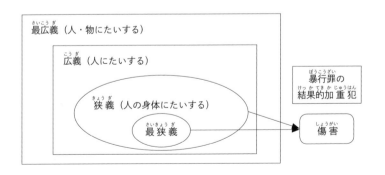

第15話

賄賂の罪　ある座談会での会話

司会：いつの時代にも，お役人や政治家の不祥事がたえませんが，汚職の罪の規定は，どうなっているのでしょうか。N大学のS教授に説明していただきましょう。

S教授：ただいまご紹介いただいたSです。まず，刑法典は，「汚職の罪」として，賄賂の罪（197条以下）だけでなく，職権濫用の罪（193条〜196条）も規定しています。つぎに，いわゆる賄賂罪については，197条から198条までの6か条があります。立法当初は，単純収賄罪，加重収賄罪，贈賄罪だけでしたが，その後，法律の抜け穴をふさぐため，つぎつぎと新しい条文が追加されました。さらに，刑法典だけではたりないので，2000（平成12）年には，公職にある者等のあっせん行為による利得等の処罰に関する法律（あっせん利得罪処罰法）という特別法もできました。

◇贈収賄罪の見取り図

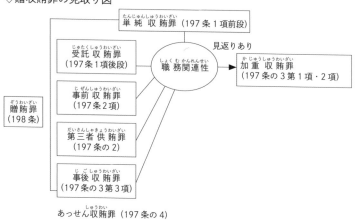

あっせん収賄罪（197条の4）
あっせん利得罪処罰法

1. 公務員だけが処罰される──賄賂罪の主体

司会：日本の社会では，お歳暮やお中元の習慣があり，いろいろなおくり物やプレゼントをします。会社関係でも，取引業者の接待があったり，ときにはリベートをわたしたりするのに，なぜ公務員だけが処罰されるのですか。

S教授：憲法によれば，「公務員は，全体の奉仕者」であって（憲15条2項），特定の人だけに便宜を図ることは許されません。たとえ見返りを求めなくても，そうしたうたがいを生じるような金品の受けとりをワイロ（**賄賂**）として禁じているのです。その意味で，**収賄罪**（ワイロを受け取る罪）は，公務員を主体とする身分犯の一種です（☞総論第13話）。次の2つの事例をくらべてみましょう。

①私立大学の教員が学生から金品をもらって，成績評価に手心をくわえた場合，勤務先の就業規則等に違反するのはともかく，公務員でない以上，刑法上の収賄罪になりません。

②国立大学（正確には国立大学法人です）の教員は，せまい意味の公務員ではありませんが，刑法上は，公務員としてとり扱われるため（これを「**みなし公務員**」といいます），学生や教材の納入業者などから金品を受けとれば，収賄罪となります。

　また，収賄という行為は，公務員が実際に受けとった（**収受**といいます）場合はもちろん，賄賂を受けとる約束をしただけでも処罰されます。そして，賄賂を提供する側も，公務員ではありませんが，**贈賄罪**（ワイロをわたす罪）として処罰されます（198条）。

司会：一般の人々の感覚として，事例①と事例②の両方とも教員の行為が問題になっていますし，同じく違法であるように思いますが，刑法上は，公務員でさえなければ，学生や取引先から賄賂を受けとっても，収賄罪にならないのですね。

S教授：そのとおりですが，刑法典には，「公務員」の定義規定があり

ます。7条によれば，「国又は地方公共団体の職員その他法令により公務に従事する議員，委員その他の職員をいう」となっており，あまり限定になっていません。しかも，各種の特別法には，「法令により公務に従事する職員とみなす」という規定があります（上述した「みなし公務員」です）。さらに，会社法には，私企業の取締役や株主による贈収賄罪の罰則もあります（会社967条・968条）。たぶん，一般の株主から広く資金を集めるという株式会社の公共性に配慮したのでしょう。

2. 賄賂罪でなにを守る？—— 保護法益

建設業者のT氏：私は，Aさんの市長在任中，公私ともにお世話になったので，なにかお礼をしたいのですが，これも賄賂にあたるのでしょうか。

S教授：Tさんのように，たんにお礼の気持ちであっても，それが公務員の職務に関連する贈答行為であれば，やはり賄賂となります。通常は，贈賄側が見返りを期待しているでしょうし，見返りの有無については，贈収賄の保護法益（☞**各論コラム⑤　犯罪の分類と整理——各論のまとめ**）がなにかによって左右されます。先（☞1）に述べたように，全体の奉仕者である公務員は，一部の者に買収されることがあってはならず（これを不可買収性といいます），公務員は汚職と無縁の人物であることが求められます（これを清廉潔白性といいます）。ここでは，むしろ，公務員による職務遂行の中立性や公正さを守ろうとしています。

T氏：いまどき「清廉潔白」などといわれても，納得できませんね。公務員は，神様に仕える神父さんと同じなのでしょうか？

S教授：おっしゃるとおり，公務員個人の品格や，職業上のモラルと混同したとらえ方は避けるべきでしょう。むしろ，のぞましい公務員

の姿（行動規範）をしめすことで，最終的には，公務の適正な遂行を担保しているといえます。そのため，保護法益については，公務の適正さにたいする信頼保護や（信頼保護説です），公正さをそこなう危険を重視する見解（これを純粋性説といいます）もあります。さらに，実際に見返りとして，不正な職務行為をしたり，やるべき職務行為をおこなったりした場合には，まさに公正さが害されたので，重い刑罰をくわえる**加重収賄罪**の規定もあります（197条の3第1項）。

3．金品の授受と職務関連性

公務員のY氏：しかし，いくら国民の信頼を保護するといっても，結婚式やお葬式の際に結婚祝や香典を受けとったとき，それだけで賄賂と決めつけるのは，公務員のプライベートな生活や人間関係を無視していませんか。

S教授：そこで問題となるのが，いわゆる「**職務関連性**」です。197条が「その職務に関し，賄賂を収受し……」と規定するように，当該公務員の職務と無関係な贈答であれば，賄賂でなくなります。

> 第197条（収賄，受託収賄及び事前収賄）
> ①公務員が，その職務に関し，賄賂を収受し，又はその要求若しくは約束をしたときは，5年以下の懲役に処する。この場合において，請託を受けたときは，7年以下の懲役に処する。
> ②公務員になろうとする者が，その担当すべき職務に関し，請託を受けて，賄賂を収受し，又はその要求若しくは約束をしたときは，公務員となった場合において，5年以下の懲役に処する。

それでは，以下の事例はどうなるでしょうか。
③警察官が巡回中，高級スーパーで万引きをする女性を発見して声をかけたところ，女性から「見逃してください」と懇願され，口止

め料をわたされたので，これを受けとった。

④公立高校の教師が，勤務時間外に繁華街で夜回りをしていたところ，担任クラスの生徒が深夜に繁華街をうろついているのを見つけて注意した。翌日になって，その生徒の父兄から口止め料として商品券を手渡されたとき，これを断りきれずに受けとった。

　　この中で，③の事例については，犯罪の摘発が警察官の主たる任務である以上，巡回中に見つけた犯人を見逃すことが，不正な職務にあたるのはあきらかです。他方，④の事例では，勤務時間外に見つけたわけですから，ただちに「その職務に関し，賄賂を収受し」たとは断定できません。過去の判例でも，担任の教師が特定の生徒に時間外の教育指導をおこない，その謝礼として１万円程度の商品券を受けとっても罪にならないとしたものがあるからです。しかし，④の教師の場合には，自校の生徒の非行を放置することが，職務上の義務に違反するのはあきらかです。また，父兄からの贈答が（他の学校関係者にたいする）口止め料の意味であったならば，賄賂となる可能性は高いでしょう。しかも，この父兄は，「だまっている」ことを要求し，教師がそれを受け入れています。ふつうは「何かする」ように頼まれるでしょうが，「何もしない」という特別扱いの依頼も含めて「**請託**」といいます。これを承諾した場合，不正な職務との関係がより明確になるため，**受託収賄罪**として刑が重くなります（197条１項後段）。

4.「わいろ」って物だけ？──**賄賂罪の客体**

S 教授：通常の人が賄賂という言葉を聞いたとき，現金や商品券などを想像するでしょう。しかし，過去の例では，株式市場で売買される前の（値上がり確実な）未公開株が賄賂とされましたし，退職後に有利なポストを提供することも賄賂となります。したがって，刑法

上の賄賂は，いわゆる金品にかぎられません。会食や飲み会で提供された飲食物はもちろん，形のない接待やサービスも賄賂になります。つぎの事例⑤のような，性的サービスの提供が賄賂とされた例もあります。

⑤裁判官が自分の担当する刑事事件の女性被告人と法廷外の喫茶店で話していた際，女性の側から寛大な処分をしてもらえば一緒にホテルに行くといわれたので，これに応じた，というものです。

大学生のFさん：事例⑤で性的サービスが賄賂になるとしたら，性による差別ではありませんか。

S教授：男性によるサービスであっても同じですよ。そのほか，私立大学の経営陣（贈賄者）が，文部科学省の官僚（収賄者）から頼まれて，官僚の息子を裏口入学させたことも，入学できたという利益が親（官僚）にとって賄賂にあたる可能性があります。つまり，賄賂の目的物は，形のある金品であるか，形のないサービスであるかを問わず，およそ人々の需要や欲望を満たすもので足りるからです。その意味で，窃盗罪で問題となる「財物」とは異なります。

政治家のM議員：もしおっしゃるように，賄賂となる範囲がきわめて広いとしたら，お中元やお歳暮など，社交上の慣習や儀礼にあたるものや，政治資金規正法で認められた寄付金まで入ってしまうため，政治活動にたいする不当な制約になりますよ。

S教授：そこで問題となるのは，やはり職務関連性です。実際に不正な職務の対価となる場合には，職務関連性も認められるため，当然に賄賂となりますが，そうでなければ，支援者である国民から寄付金を受けとっても，政治活動に必要な資金のやりとりとして，違法にはなりません。

5.「後からなら大丈夫」ではない——事後収賄罪(じごしゅうわいざい)と職務関連性

T氏：私は，Aさんが市長職をしりぞいた後で，御礼をおくることを考えたのですが，そうした場合にも，職務関連性があるのでしょうか。

S教授：それが賄賂にあたるかどうかは，全体として職務関連性の有無によるため，職務の遂行と賄賂を授受(じゅじゅ)した順序は，問題となりません。かりに請託があった後，他の部署に出向したとしても，なお公務員のままであったならば，受託収賄罪が成立しますし（197条1項後段），そもそも，在職中に賄賂を約束していたならば，その時点ですでに賄賂約束罪(わいろやくそくざい)が成立します（197条1項前段）。さらに，公務員がまったく別の職場に異動(いどう)した後で，以前の職務にかんして賄賂を受けとった場合，まだ公務員の地位にあったならば，事前の約束がなくても，やはり通常の（単純(たんじゅん)）収賄罪(しゅうわいざい)が成立します（197条1項前段）。

　また，抜け道として，贈賄者に便宜を図った後に賄賂を受けとればよいと考える人たちもいるでしょう。その場合にも，過去の不正行為に対する贈答であっても，まだ公務員の職にある以上，たとえ，転任(てんにん)後に賄賂を要求・約束・収受しても，加重収賄罪(かじゅうしゅうわいざい)になります（197条の3第2項）。さらに，在職中に頼まれた不正行為の見返りとして，完全に公務員の職からしりぞいた後に，賄賂の要求・約束・収受をしたならば，**事後収賄罪(じごしゅうわいざい)**となります（197条の3第3項）。

　そのほか，たとえ直接的な職務関連性がなくても，他の公務員に依頼や指示をするなど，いわゆる「口利(くちき)き」行為により，担当の公務員に不正な職務をさせようとしたならば，**あっせん収賄罪(しゅうわいざい)**で処罰されます（197条の4）。

6. 政治資金と賄賂のちがい

S教授：（第15話の）冒頭でも述べたように，あらたな賄賂罪が次々と追加されたのは，過去の判例で職務関連性がせまく解釈されたケースがあり，政治家の違法行為が罪に問われなかったためです。つまり，政治資金のやりとりをよそおった贈収賄が横行したのです。もちろん，贈賄側がなんらかの見返りを求めるなど，先（☞3）に述べた「請託」があった場合には職務関連性はあきらかです。

　しかし，当該公務員の職務権限に属しておらず，たんに担当者に仲介（いわゆる「口利き」）を頼んだだけであれば，政治資金と賄賂の区別がむずかしくなってきます。そこで，こうした口利き事件をきっかけとして，1958（昭和33）年には，あっせん収賄罪の規定が設けられたわけです。最初にあげた図をみていただくと，あっせん収賄罪では，理論上も職務関連性が前提となっていません。

　そのほかにも，公職の立候補者など，これから公務員になろうとする者が事前に請託を受けて賄賂を収受（その要求・約束を含む）した場合や，同じく公務員が請託を受けて，自分以外の人間に賄賂を供与（その要求・約束を含む）するようにしむけた場合，やはり抜け道をふさぐ意味で，**事前収賄罪**（197条2項）や**第三者供賄罪**（197条の2）の規定があります。

司会：賄賂罪の保護法益が公正な職務遂行であるならば，収賄者である公務員の処罰だけでたりませんか。結局，公務員が賄賂を受けとったから悪いのでしょう。そもそも，弱い立場の贈賄者側を処罰する必要はあるのでしょうか。

S教授：社会現象としての賄賂罪は，贈賄者側の提供行為があって，はじめて収賄がなりたつため（これを**対向犯**とよびます），贈賄者と収賄者は，当然に共犯になると解されてきました。しかし，贈賄者が見返りを期待して賄賂をおくる場合もあれば，収賄者から要求され

て，やむなく差し出す場合もあるでしょう。やむなく差し出す場合の贈賄者は，公務員による不当な要求の被害者であって，贈賄罪には問えないでしょう。

なお，収賄罪では，その態様におうじて刑罰に差をもうけていますが，贈賄罪では，一律に，しかも，3年以下の懲役または250万円以下の罰金となっています（198条）。さらに，贈賄罪は，収賄罪が成立することではじめて認められます。

コラム⑤　犯罪の分類と整理——各論のまとめ

1　保護法益による分類

　総論第1話で説明されたように，刑法には，法益を保護する機能と自由を保障する機能があります（☞総論コラム「刑法の目的と機能」）。法益保護の機能からみれば，犯罪の実質は，保護法益（法律上の利益）の侵害や危険ということになります。刑法典各則の犯罪（77条以下）も，通常は，なにが保護法益であるかによって分類されます。具体的には，国家的法益に対する罪，社会的法益に対する罪，個人的法益に対する罪の順序でならんでいます。

　まず，**国家的法益に対する罪**は，国家の存立・安全を侵害する内乱罪のほか，公務の適正な執行を危険にする公務執行妨害罪（☞各論第14話）や収賄罪（☞各論第15話）などがあります。つぎに，**社会的法益に対する罪**では，社会の安全をおびやかす放火罪（☞各論第12話）や，現金や証明書などの信用をそこなう偽造罪（☞各論第13話）がならんでいます。そして，**個人的法益に対する罪**としては，人の生命をうばう殺人罪（☞各論第1話）やその身体を傷つける傷害罪（☞各論第2話），行動の自由をうばう逮捕・監禁罪（☞各論第3話），他人の財産を侵害する窃盗罪（☞各論第8話）・強盗罪（☞各論第9話）・詐欺罪（☞各論第10話）などがあげられます。もっとも，放火罪のように，社会一般からみて脅威になるだけでなく，個人の生命・身体・財産も危険にする犯罪類型があります。複数の保護法益が競合する場合には，もっとも重要なものが分類の基準となります。

保護法益による分類 ⎨ 国家的法益に対する罪（77条以下）
社会的法益に対する罪（106条以下）
個人的法益に対する罪（199条以下）

2　犯罪のならび方──その順序はランキングですか?

　これらの保護法益には、優劣があるのでしょうか。刑法典各則のならべ方をみると、77条以下の国家的法益に対する罪が最上位にくるのでしょうか。たしかに、これらの罪には、死刑や無期刑（懲役・禁錮という施設に拘禁して自由をうばう刑罰のうち、期間をさだめずに言いわたすもの）があるため、重大な犯罪であることはうたがいありません。しかし、殺人罪にも、死刑や無期刑があります。その意味で、国家的法益が個人的法益よりも、当然に優越するとはいえません。むしろ、憲法がさだめる個人の基本的人権の尊重からは、個人的法益に対する罪がもっとも重要といえます。実際、ほとんどの教科書は、刑法典のならべ方とはことなり、個人的法益に対する罪から説明しています。

　その個人的法益に対する罪のなかも、殺人罪（199条）や傷害罪（204条）のような「生命・身体に対する罪」から、逮捕・監禁罪（220条）や略取誘拐罪（224条以下）のような「自由に対する罪」、そして、窃盗罪（235条）や強盗罪（236条）のような「財産に対する罪」の順番になっています。しかし、条文の配列は、絶対的な基準となるわけでなく、一応の優劣をしめしたにすぎません。実際の事件では、被害法益がなにかというだけでなく、侵害の程度や犯行の態様も考慮されるべきでしょう。たとえば、生命や身体は、なにものにもかえがたい重要な保護法益ですが、かりに軽微な暴行・傷害をさける目的で、高額な美術品を破壊するような場合には、違法となることがあります（☞総論第8話）。

　また、強制わいせつ罪（176条）や強制性交等罪（177条）は、社会的法益に対する罪である公然わいせつ罪（174条）やわいせつ物頒布等罪（175条）とならべて規定されていますが、本来は、個人的法益に対する罪であることに注意しなければなりません（☞各論第4話・各論第5話）。

さくいん

● た行

刑法の時間　GUIDANCE ON
THE CRIMINAL LAW OF JAPAN

2021年4月 1 日 初版第1刷発行
2021年6月15日 初版第2刷発行

編　者　佐久間修
　　　　橋本正博
発行者　江草貞治
発行所　株式会社 有斐閣
　　　　〒101-0051
　　　　東京都千代田区神田神保町2-17
　　　　(03) 3264-1314 [編集]
　　　　(03) 3265-6811 [営業]
　　　　http://www.yuhikaku.co.jp/

印刷　大日本法令印刷株式会社
製本　大口製本印刷株式会社
装丁　Siun

落丁・乱丁本はお取替えいたします。
定価はカバーに表示してあります。

©2021, Osamu Sakuma, Masahiro Hashimoto.
Printed in Japan
ISBN 978-4-641-13945-9